試合で勝てる！
小学生の
バドミントン
ダブルス
上達のコツ50

小平ジュニアバドミントンクラブ監督
城戸友行 監修

メイツ出版

はじめに

　日本のバドミントン選手のレベルは、世界的にも高く、シングルスはもちろん、ダブルスでも活躍している選手たちがたくさんいます。

　日本のレベル向上の理由のひとつに「ジュニア世代からの育成」があげられます。ジュニアからトップ選手までが、専門性の高い指導者のもとで指導を受ける機会が増え、全国で優秀な選手が輩出される仕組みができ

ています。これにより、バドミントン界のすそ野が広がっているのです。

　日本のバドミントンダブルスの特徴は、さまざまタイプのペアが高いレベルで競っていることです。従来の「前が小柄ですばやい選手、後ろに大柄でパワーのある選手」というペアだけでなく、「二人ともスピーディーに動いてローテーションする」ペア、「パワーのある選手同士で

「組む」ペアなど、組み合わせや戦術にもバリエーションがあるのが長所といえます。

　このような強化ができた背景には、ジュニア時代からたくさんの経験を重ね、多くの人とペアを組む機会を持つ選手が増えてきたことがあげられます。

　本書では、ダブルスで必要な技術をメインに紹介していますが、まず、基本技術をしっかり習得していくことを目指してください。

　そしてペアと一緒に試合に挑み、1プラス1が2以上の力を発揮できる、「ダブルス競技の魅力」をたくさんのジュニア選手たちに知ってもらえる機会になれば幸いです。

小平ジュニアバドミントンクラブ
監督　城戸友行

この本の使い方

　この本では、バドミントンダブルスに取り組む小学生の選手のために、技術向上法や練習法などのノウハウを解説しています。基本的な技術から、ダブルスに必要なテクニックや考え方、試合で使える応用技術、練習法などを紹介しています。

　各ページのタイトル「コツ」にはテーマや目的があるので、チェックしたうえで取り組みましょう。各コツには、「CHECK」や「ダブルスのポイント」といったダブルスを理解し、上達するうえでのポイントも掲載しています。

　最初から順番に読んでいくことが理想ですが、気になる項目があればそこだけをピックアップするなど、自分にあった方法で進めてください。自分の課題をクリアし、さらにレベルアップしていきましょう。

タイトル
このページでマスターするテクニック内容などが一目でわかるようになっている。

PART2　ハイクリア

コツ 05 守りのクリアで体勢を整える

落下地点に入ったら、足を〜と同時に肩を後ろに引いて半身の姿勢に。

相手をコート後方のコーナーまで走らせ

　シングルスでクリアは「ハイクリア」「ドリブンクリア」といわれ、ダブルスでは、サイドバイサイドの中央を狙われ、さがって打つ「守りのハイクリア」と、トップアンドバックで後方（リア）にいる選手が打つ「攻めのドリブンクリア」を使い分け

ていくことが…サイドバイがセンターに…り、攻撃的な…たときは、相…し戻すような…勢を立て直す…

22

解説文
コツの内容をよりわかりやすく説明している。難しい漢字にはふりがなふってあるのでじっくり読んで理解を深めよう。

4

アイコン
解説しているプレーやテクニックがよく使われているコートのエリアを「リア・ミッド・フロント」マークで表示。

ダブルスのポイント
ダブルスにおけるプレーの考え方、注意点、戦術上のポイントを解説。

し

R

Dのポイント
コート後方の中央を狙われた飛球に対し、ペアのどちらかがさがって打つハイクリア。しっかりヒットし、高い軌道で相手コートのコーナーを狙うことで、自分たちの体勢を整えましょう。

プルページ

きに、相手
Jってきた
に走らされ
後方まで押
分たちの体
す。

インパクトで手首が内側に返っていく。振り抜いたラケットはスムーズにおろし、前に重心を移動する。

できるだけ大きく振り抜き、打ち終わった蹴った足を前に出して次のショットに備える。

CHECK ① 二等辺三角形の頂点にクリアを打つ

サイドバイサイドを崩されたところで、もう一度、攻めに転ずるためには、ハイクリアをしっかりコーナーに入れることがポイント。そのコーナーを頂点に、二等辺三角形のような形を作ることをイメージしましょう。

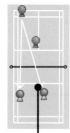

23

CHECK!
コツと連動して、動作のなかでの注意点やポイントをアドバイスしている。

もくじ

はじめに …………………………………………………………… 2
この本の使い方 …………………………………………………… 4

PART1　ペアの特徴を生かして試合に勝つ！

コツ01　トップ選手たちを参考にスキルを高める ………………… 10
コツ02　選手を型にはめずに可能性を引き出す ………………… 12
コツ03　実力の近い選手同士が組んで高め合う ………………… 14
コツ04　将来をみすえた選手を強化する ………………………… 16
コラム　「みる」力を高めてスキルアップしよう！ …………………… 18

PART2　ダブルスに必要なテクニックを身につける

チャレンジ　バドミントンに必要な技術をすべてマスターしよう！ ………… 20
コツ05　守りのクリアで押し戻し体勢を整える ………………… 22
コツ06　はやく低いクリアをセンターに入れて相手を崩す ……… 24
コツ07　相手の陣形をみてセンターにシャトルを落とす ………… 26
コツ08　スピードと威力、コースの打ち分けで相手を崩す ……… 28
コツ09　相手がいないコースを効果的につく ……………………… 30
コツ10　シャトルを左右に打ち分けてコートを広く使って攻める … 32
コツ11　高い打点のバックハンドで相手コート奥まで飛ばす ……… 34
コツ12　ハイバックから相手コートをみないで前に落とす ……… 36
コツ13　サイドアームからのドライブでチャンスをつくる ……… 38
コツ14　つなぎのショットを身につけラリーに緩急をつける ……… 40

コツ 15　甘い返球を上から叩いて決める ……………………………………… 42

コツ 16　打ちたいコースに面を向けて腕をワイパーのように動かす ……… 44

コツ 17　ジャンプしたところから強打でシャトルを沈める …………… 46

コツ 18　スマッシュを確実に返球して攻勢に出る ………………………… 48

コツ 19　短いリターンで相手を前に走らせる ……………………………… 50

コツ 20　シャトルの威力を利用して鋭くカウンターで返す ……………… 52

コツ 21　相手コートにはやいタイミングで落ちるヘアピンを打つ ……… 54

コツ 22　速いタッチでクロスをついて空いているスペースを使う ……… 56

コツ 23　シャトルに変化をつけて相手のミスを誘う ……………………… 58

コ ラ ム　成長期は体幹を鍛えて体づくりのベースをつくる ……………… 60

PART3　サーブ＆レシーブで主導権を握る

チャレンジ　選手の成長に応じたサーブ＆レシーブで主導権を握る ……… 62

コツ 24　相手と駆け引きしながら優位に立つ ……………………………… 64

コツ 25　コントロールと精度を重視してサービスを出す ……………… 66

コツ 26　高さに注意してレシーブを自由に打たせない ………………… 68

コツ 27　ロングサービスを出して相手を後ろにさげる …………………… 70

コツ 28　相手の反応をみながらサービスを出す ………………………… 72

コツ 29　どんなサーブにも対応できる構えで待つ ……………………… 74

PART4　サーブ＆レシーブから攻撃を組み立てる

チャレンジ　三球目・四球目で決定打にもっていく ……………………… 78

チャレンジ　状況にあわせたフォーメーションでラリーを制する ………… 80

コツ 30　リターンのコースを読んでネットにつめる ……………………… 82

コツ 31　ハーフやドライブに跳びつきラウンドショットで決める …… 84

コツ 32　二球目にリアのボディを狙ってつまらせる ……………… 86
コツ 33　二球目をネット際に落として相手を動かす ……………… 88
コツ 34　ロングサービスに反応してストレートに強打する ………… 90
コツ 35　相手の狙いを読んでクロスにかわす ……………… 92
コツ 36　サーバーがレシーブコースを読んで前で叩く ……………… 94
コツ 37　ハーフエリアをカバーしてドライブで返球する ……………… 96
コツ 38　空いているクロスのコースを狙って返球する ……………… 98
コツ 39　ボディ狙いを読んで空いたスペースに返球する ……………… 100
コツ 40　ロングサービスを上手に使って崩す ……………… 102
コツ+α　ロングサービスからカンターを狙う ……………… 104

PART5　ダブルストレーニング

チャレンジ　年代やスキルに応じたトレーニングで鍛える ……………… 106
コツ 41　連続して叩きフィニッシュまで持っていく流れをつくる ……… 108
コツ 42　決定打前の精度をあげてチャンスをつくり出す ……………… 110
コツ 43　ドライブに対しての相手の返球を予測する ……………… 112
コツ 44　練習テーマにそったノックの球出しをする ……………… 114
コツ 45　ペアの特徴をいかしながらローテーションする ……………… 116
コツ 46　ハンデをつけてディフェンス局面を練習する ……………… 118
コツ 47　ローテーションしながら攻守を切り替える ……………… 119
コツ 48　フリーに打ち合ってゲームの適応力を磨く ……………… 120
コツ 49　股関節まわりを鍛えて柔軟性を高める ……………… 122
コツ 50　フロント・ミッド・リアのエリア別のフットワークをトレーニングする ………… 124

PART1

ペアの特徴を
生かして
試合に勝つ！

トップ選手たちを参考に スキルを高める

ジュニアから適性を見極めてダブルスに取り組む

　日本のダブルスは世界のトップに位置し、数々の実績を残しています。その要因としては、いま活躍している選手たちが早期段階からダブルスにも取り組んでいたことがあげられます。

　選手を型にはめず様々な能力を高め、個々の特性を組み合わせたのが、日本ダブルスの最大の特徴といえます。

　ジュニアにおいてもトップ選手たちのプレーを参考にして、早い段階から適性を見極めて体の発達とともにレベルアップを図ることが必要です。それがダブルスだけでなく、バドミントンの上達にもつながります。

　ダブルスのスタイルには、攻撃と守備を明確にした従来の「オーソドックス型」に加え、パワーと高さで圧倒する「攻撃型」、機動力と守備力で戦う「スピード型」などがあります。選手やペアの特性をいかしましょう。

　低学年は男女とも上背がなく攻撃力が低いため、縦に並ぶと横にスペースができ、サイドへ走らされる展開に持ち込まれます。ジュニアは縦のポジションにこだわらず、守備の形からも攻撃に持ち込める力をつけましょう。

　ジュニアは身長や体格の成長が著しいため、発達段階によってプレーの幅が変わります。指導者はその都度、取り組むべき練習や技術、戦術が何か見極めることが大事。選手たちの段階を判断してアドバイスしていきましょう。

Ｄ（ダブルス）のポイント

　ジュニアは「強いダブルス」を作ることがゴールではなく、バドミントンを上達させるための「ひとつの手段」とすることが大切です。中学、高校、その先も長くバドミントンを続けていけるような選手の育成を目指しましょう。

コツ 02 選手を型にはめずに可能性を引き出す

選手の発達と性格、ペアの適性を見極める

バドミントンはポジションが決まっていない自由度が高い競技です。上背のないプレーヤーが「前衛（フロント）」、攻撃力のあるプレーヤーが「後衛（リア）」というのがこれまでの基本的な形。しかし、近年は役割を固定せず、ペアが自由に前後入れ替わるスタイルが主流です。

ジュニアの段階では、前衛や後衛にこだわらず、様々な技術を磨いておくことが大切です。一人ひとりの技術の発達段階と、ペア同士の性格の適性を見極めてペアをマッチングしていくことが理想です。

シニアにおいてもフロントとリアの役割を固定しているペアは、前後が入れ替わると苦しいラリーの展開を強いられます。それはジュニア世代でも同じ。ポジションを決めつけず、自由な発想で練習に取り組んでいきましょう。

ジュニア世代からポジションを固定してしまうと、その選手の能力に伸び悩みが起きます。身長の高低差にこだわらず、できる限りリア・フロント両方のプレーにチャレンジし、練習を通じて選手の可能性を引き出しましょう。

アグレッシブな性格の選手同士が組むと爆発的な力を発揮します。これは魅力的ではありますが、うまくいかいときは空回りしてしまいます。このような選手の場合、冷静に状況を判断できる選手と組むことも方法のひとつ。

ダブルス D のポイント

ペアの相性を見極めるには、ウォーミングアップや遊び（トレーニングの一環）の中で、普段組まないプレーヤーとマッチングさせてみることも有効。日常の選手同士の仲の良さが、そのままペアの能力につながるとは限りません。

実力の近い選手同士が 組んで高め合う

実力差や体力差がない範囲でペアを決める

　小学生は学年ごとにカテゴリー分けされています。ルール上は「〇年以下」となっているので、6年以下のカテゴリーに3年が出場しても構いません。しかし、たいていは体力差が生まれてしまうため、1学年差以内まででペアを組む方が良いでしょう。

　クラブの中でペアを決めるときは、選手の希望ではなく、指導者がチーム内のマッチランキングを参考にしつつ、選手の能力やペアとしての相性などから客観的な判断をする方がうまくいく傾向があります。

シングルスと重複出場はできません
が、練習では両方に取り組みます。シ
ングルスの能力が高ければ、ダブルス
でも機能するので、トップをシングル
スにエントリーし、2番手から4番手
の中でペアリングするのが理想です。

公式戦までに時間がある準備期は、
シングルスとダブルスの両方の能力を
磨く時期です。分け隔てなく取り組み
ましょう。試合が迫ってきた試合期に
は、ペアを固定しダブルスに特化して
練習していきます。

ダブルスは、個人の能力だけでは勝
てません。小学生のうちはなかなか
理解しにくい部分ですが、1人の力に
頼るのではなく、どちらかの調子が悪
くても負けないような「チームワーク」
に対する気づきをうながします。

Ｄ（ダブルス）のポイント

同じバドミントンでもダブルスとシ
ングルスでは、違う競技特性を持って
います。世界でもジュニア期からダブ
ルスに取り組んでいる国が増えていま
す。育成段階から両方に取り組み、適
性を見て強化する流れが良いでしょう。

コツ 04 将来をみすえた 選手を強化する

ダブルスでしか味わえない喜びや面白さを知る

ダブルスは1対1のシングルス以上に一打一打の時間が短くなるため、反応や初動の速さなどスピードが求められる種目です。ジュニアのうちから取り組めば、早い段階で俊敏性を身につけることが可能です。

またパートナーとのコミュニケーションを通じて互いのコーチング能力が磨かれていきます。シングルスでは勝てない強敵でも、チームとして相手を上回れれば勝利を得られることが魅力と言えます。チームスポーツならではの喜びや面白さがダブルスにはあります。

CHECK ①　前に出て決める力が身につくダブルス

　ときにはシングルス以上にラリーの時間が長いダブルスでは、体力のロスを防ぐため、プレーヤーは積極的に前へ出ていく必要があります。上背のないプレーヤーは、フロント技術を磨くことで攻撃力を向上させられます。

CHECK ②　互いのサポートでチーム力をアップする

　シングルスは調子が悪ければ一人で乗り越えなければいけません。ダブルスは片方のプレーヤーに好不調の波があっても、互いにサポートしあえる種目。どんな時でも１＋１が２以上の力になるようなペアを目指しましょう。

CHECK ③　ペアの成長はそのまま

　プレーヤーが成長するためには、課題の克服が求められます。ペアで行うダブルスはプレーヤー自身がコミュニケーションを図り、お互いに刺激し合えることが利点。それが人間としての精神的成長にもつながります。

ダブルス Ｄ のポイント

　指導者はプレーヤーに対して、課題を指摘してしまいがちですが、アドバイスが過ぎることで、選手は考えるきっかけを失います。「パートナーを助けるにはどうすればいい？」という気づきをうながす投げかけも大事です。

バドミントンにおける視力の大切さ
「みる」力を高めて
スキルアップしよう！

　バドミントンは、スピードのあるシャトルを瞬時にとらえて対応するため、視力が重要です。視力には、いくつかの種類があります。静止しているものを見る「静止視力」、動いているものを見る「動体視力」、瞬間的に対象物を識別して記憶する「瞬間視力」、顔を動かさずに広く周囲を見る「周辺視力」、遠近感や立体感を認識して把握する「深視力・立体視力」などです。

　バドミントンではおもに、周辺視力と動体視力が使われます。シャトルをみながら、相手の動きも確認するために「広い視野（周辺視野）」が必要になり、高速のスマッシュをとらえるためには、高い動体視力が求められるのです。

　日本代表の山口茜選手は、相手の位置や構えをみるために、一度シャトルから一瞬目を外して打つことも可能です。これは周辺視力というよりも、一瞬のうちに多くの情報を正確に確認できる「瞬間視力」を使っていることが考えられます。

PART2

ダブルスに
必要なテクニックを
身につける

バドミントンに必要な技術を すべてマスターしよう！

スマッシュ

ドライブ

プッシュ

ヘアピン

禁煙 B

基本的なショット技術がダブルスの土台となる

　ダブルスだからといって、特別な技術を身につけるのではなく、シングルスでも使う基本的なテクニックを土台にレベルアップしていきます。
　強く返球するクリアやスマッシュ、相手の裏を突くカットやドロップはリアで必須のテクニックです。

　エリアから前で積極的に攻めに転じたいときドライブに加え、前に出て攻めるときのプッシュやワイパーショットも重要な技術。さらにネット際でシャトルをコントロールするヘアピンやクロスネットなど小技も身につけておきます。

CHECK ①　ヒジを柔軟に動かしてスイングする

　ラケットを持っているてのひら側で打つ動作が「フォアハンド」、逆側で打つのが「バックハンド」。球がくる方向を判断し、打ち分けます。ボディまわりにきたショットは体近くで食いこまれないよう打ちます。

CHECK ②　スイングの軌道を変えてショットに緩急をつける

　シャトルを打つ打点によって、腕の振り方を変えて打球に緩急をつけていきます。上から振り切るオーバーヘッドストローク、横から繰り出すサイドハンドストローク、下から振るアンダーハンドストロークなどがあります。

CHECK ③　相手の状況を確認して打ち分ける

　ラリーを制すのに重要なことは、相手の立ち位置や空いているスペースを把握しておくこと。ヒットのギリギリまで同じフォームを心がけ、相手コートの前方が空いていたらカットやスライスなどで狙っていきます。

ダブルス Dのポイント

　ペアの技術力に個人差があり過ぎると、行き詰まりが出てしまいますので、基本のショット技術とフットワークはしっかり身につけておくことが重要です。それぞれの個人技術がベースとなってペアの能力がさらにアップします。

R
<ruby>リ<rt></rt></ruby>ア

コツ 05 守りのクリアで押し戻し体勢を整える

落下地点に入ったら、足を引くと同時に肩を後ろに引いて半身の姿勢になる。

引いた足を思いっきり蹴って、ヒジを先行させてラケットを振る。

相手をコート後方のコーナーまで走らせる

　シングルスでも「ハイクリア」と「ドリブンクリア」を使い分け、ダブルスでは、サイドバイサイドの中央を狙われ、さがって打つ「守りのハイクリア」と、トップアンドバックで後方（リア）にいる選手が打つ「攻めのドリブンクリア」を使い分け

ていくことがポイントです。

　サイドバイサイドのときに、相手がセンターにクリアを打ってきたり、攻撃的なロブで後方に走らされたときは、相手をコート後方まで押し戻すような返球で、自分たちの体勢を立て直すことが大事です。

D のポイント

コート後方の中央を狙われた飛球に対し、ペアのどちらかがさがって打つハイクリア。しっかりヒットし、高い軌道で相手コートのコーナーを狙うことで、自分たちの体勢を整えましょう。

インパクトでは手首が内側に返っていく。振り抜いたラケットはスムーズにおろし、前に重心を移動する。

できるだけ大きく振り抜き、打ち終わったら蹴った足を前に出して次のショットに備える。

CHECK ① 二等辺三角形の頂点にクリアを打つ

サイドバイサイドを崩されたところで、もう一度、攻めに転ずるためには、ハイクリアをしっかりコーナーに入れることがポイント。そのコーナーを頂点に、二等辺三角形のような形を作ることをイメージしましょう。

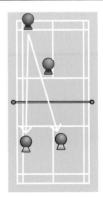

リア
Ⓡ

はやく低いクリアを
センターに入れて相手を崩す

軸足で体を支えてバランスを保つ。

シャトルの下に入ったら半身になって構える。

後方に走らせて相手のサイドバイサイドを崩す

　サイドバイサイドでセンターを狙われたときに、もう1回ディフェンスを立て直すため、コーナーへ打つ「ハイクリア」に対し、攻撃的な場面で使うのが「ドリブンクリア」です。

　体勢を低く構えているサイドバイサイドの相手に対して、はやいクリアを相手ペアの真ん中に入れることで、相手を後ろにさげつつ、アゴをあげさせることがカギとなります。

　ストロークの強度も通常のクリアよりさらに高くなるようにして、よりはやく、低い軌道でシャトルが飛ぶことをイメージしましょう。

24

攻撃的なクリアとなるため、相手の体勢やコースの狙いどころをみて打つことが大事。打点やスイングはハイクリアよりやや前で、インパクトの瞬間に手首をより強く返してヒットします。

ハイクリアより打点をやや前にして体前方の高い位置でインパクト。

腕を振り抜き、打ち終わったら次のショットに備える

CHECK ① インパクトの瞬間に手首を返す

ドリブンクリアは、前腕と手首を使ってはじき出すようなイメージ。インパクトの瞬間に前腕を回内させ、手首を返すようにしてから大きく振り抜きます。軌道が低すぎて、背の高い相手選手にジャンプして叩かれることのないよう注意しましょう。

リア
Ⓡ

相手の陣形をみて
センターにシャトルを落とす

落下点に入り、足を引いて半身になって
からジャンプ。

クリアと同じよ
うなフォームで
バックスイング
からインパクト。

クリアと同じフォームからシャトルを押し出す

　ダブルスは中央(センター)に打ち込むことが効果的。この場合の「センター」とは、センターラインではなくて、相手の陣形の中央を指します。

　オーバーヘッドストロークでクリアを打つようなフォームから、打点を高くとり、ラケットが当たる瞬間に力を抜くようにして、フラットに当ててシャトルを押し出します。

　最初からドロップを打つとわかるようにフォームが緩んだり、軌道が高く浮いてしまうと、逆に相手のチャンスとなってしまうので注意しましょう。短い球が効果的です。

Dのポイント

ダブルス

ドロップは、攻めのシチュエーションで使われるショット。陣形をみて、その真ん中に落として相手ペア二人に反応させることで、次のショットで決定打に持ち込むこともできます。

インパクトではラケットの力を抜いて、
押し出すように振り抜く。

フォロースルーをとって、
返球に備えて構える。

CHECK ① 相手ペアの動きや適性をみて攻める

体が小さい選手は、前に出るプレーでも俊敏に動ける傾向がありますが、大きな選手は、ヒザや体が折れてしまい、前に出るのが遅い選手もいます。タイプの違う同士が組んでいる場合、前に弱そうな選手の前にシャトルを落とすことも狙いのひとつです。

スピードと威力、コースの打ち分けで相手を崩す

高い打点でシャトルをとらえるようヒジを先行させてスイング。

落下点に入りながら、足を引いて半身になる。

タイミングをあわせて軸足で踏み切る。

勢いよくラケットを下に振り抜く

守備のレベルが高いペアに対しては、スマッシュのスピードと威力だけでは、なかなか決めきることはできません。相手の陣形をみて、スマッシュのコースと長さを調整することでラリーを優位に進めます。

フォームでは肩を引いたバックスイングから、できるだけ打点を高くとり、インパクトの瞬間に腕が伸びていくイメージ。

シャトルをとらえたときに、前腕を回内させて、勢いよくラケットを下に振り抜くことでシャトルのスピードと威力がアップします。

D のポイント

スマッシュは空いているスペースかボディに打ち込むことが基本です。スピードと威力のあるショットを打つことで相手のミスを誘い、次以降のショットで決定打に持ち込みましょう。

頭の斜め前でインパクトし、前腕を回内させてラケットを振り切る。

打った勢いで足を前に出し、重心を移動させる。

CHECK ①	スマッシュのコースを打ち分けてチャンスをつくる

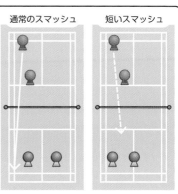

通常のスマッシュ　　短いスマッシュ

スマッシュは空いている「オープンスペース」に打っていくことが効果的です。相手がポジショニングを調整してきたら、ペアのセンター狙いに変えることも必要です。また、コート前方に落ちるような短いスマッシュも有効です。

コツ 09 相手がいないコースを効果的につく

タイミングをあわせて軸足で踏み切る。

落下点に入りながら、足を引いて半身になる。

シャトルを斜めに切るように打つ

　切るようにインパクトすることで、短いクロスコースをつくることが可能になります。

　カットには「スライス」と「リバース」という二種類のショットがあります。スライスは通常のオーバーヘッドストロークのスイングから、

ラケット面を左斜めにしてシャトルを切るようにインパクトします。

　シャトルのコルクのサイドに当てるように打つことで、強い回転がかかり、初速ははやいものの進むほど、落ちていく軌道の飛球となるのが特徴です。

D ダブルス のポイント

スマッシュとのコンビネーションとして、「カット」は有効。スマッシュはストレートへの打球が多くなるため、短いクロスに落とすカットは、相手の裏をかくショットとなります。

高い打点からラケットを肩からまわして、内側に斜めに切る。

手首を背屈させたまま、打った勢いで足を前に出し、重心を移動させる。

CHECK ① カットを打った後の相手の対応を考える

スライスを打ったときに、相手の対応が遅れたときは、ストレートコースへのロブが多くなります。あがったロブに対して、フロントにいる選手がさがるのか、リアにいる選手が追うのかなど、局面やペアの特性にあわせた対応が求められます。

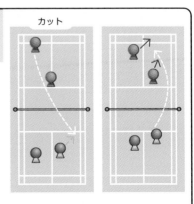

カット

R
リア

コツ 10 シャトルを左右に打ち分けて コートを広く使って攻める

すばやくシャトルの落下点に入り、半身になる。

クリヤーやスマッシュと同じフォームになるよう足を引いて構える。

タイミングをあわせて軸足で踏み切る。

正しいフォームを身につけて上達する

間違ったフォームを身につけてしまうと、後で修正するのに時間がかかります。最初からカットの曲がりや落ち具合ばかりに注目するのではなくフォームを重視しましょう。

特にオーバーハンドストロークは、すべての技術をできるだけ同じフォームで打てるようになると、試合で使うときに効果的です。

リバースはラケット面を外側に返すようにし、前腕と手首を上手に使います。スマッシュやクリアと使い分けてラリーに変化をつけ、コートを広く使う攻撃ができます。

Ⓓ ダブルス **のポイント**

　コルクの利き腕側を切る「スライス」に対し、体側を切るのが「リバース」カット。シャトルは外側に流れるような軌道で沈むので、コートをより広く使った攻撃が可能になります。

高い打点からラケットを肩からまわして、外側に斜めに切る。

手首を背屈させたまま打った勢いで足を前に出し、重心を移動させる。

CHECK ① フォアハンドでまわりこんでリバースカットで前に落とす

　リバースを打つ場面としては、コート後方のバックサイドの飛球に対し、フォアハンドでまわり込んだときがあげられます。相手ペアはストレートのコースを警戒しているので、リバースを使って逆クロスのコースへ打ち込むと相手を崩すことができます。

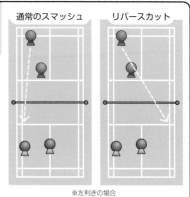

通常のスマッシュ　　リバースカット

※左利きの場合

リア
Ⓡ

高い打点のバックハンドで 相手コート奥まで飛ばす

シャトルを追い掛けながら、バックハンド グリップに握り変える。

落下点に入ったらラケットの ヘッドをさげてヒットする準備をする。

力強いハイバックを身につけてリカバリー力をアップ

前にいる選手が追えないときは、後ろの選手が追いかけて拾わなければなりません。低い軌道のシャトルにはフォアハンドでまわり込めず、バックハンドの対応になります。

打点の高さは球の軌道に合わせ、頭よりややコート後方にとることが

ポイント。頭より前方でヒットすると、逆に肩よりうしろでインパクトすることになり、力が入らなくなってしまいます。打ち終わりでもフォロースルーは大きくとらず、インパクト直後にラケットを止めて、後方に振り戻すようなイメージを持ちましょう。

D のポイント

ダブルス

「ハイバック」はシングルスよりも使う場面は少ないと言えますが、バック奥に抜かれたリカバリーの場面では必須のテクニック。しっかりコート後方に飛ばさないと、相手に叩かれてしまうので注意しましょう。

ラケットフットを踏み込み、コートの後ろ側で打つ。

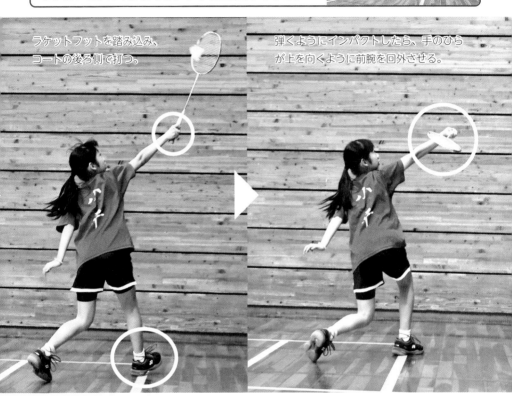

弾くようにインパクトしたら、手のひらが上を向くように前腕を回外させる。

CHECK ① グリップの握りを変えてコート後ろ側でインパクト

ハイバックではグリップの握りを変えて、親指でラケットを支えるように持ちます。インパクトの瞬間に強く握ることで、しっかり叩くことがでます。打点は無理に高くせず、頭よりややコート後方にとることで、強く弾くことができます。

コツ 12　ハイバックから相手コートをみないで前に落とす

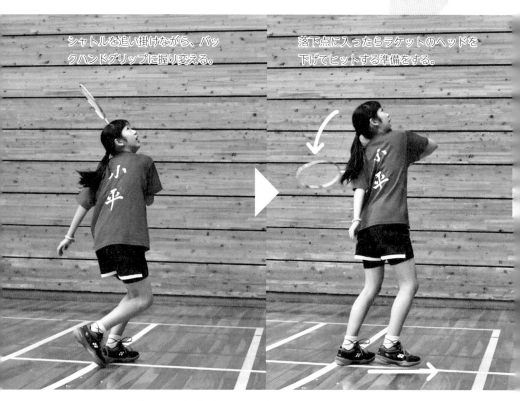

シャトルを追い掛けながら、バックハンドグリップに握り変える。

落下点に入ったらラケットのヘッドを下げてヒットする準備をする。

相手ペアの動きを予測して使う

　ハイバックからのショットは相手コートの状況をみないで打つため、フォアのラウンド以上に難しいテクニックといえます。走りながら相手のポジショニングを確認し、シャトルをみながらスイングに入ったときは、その後の相手ペアの動きを予測した上で打つことが求められます。

　精度の高いコントロールがカギとなり、クリアのように強く弾くのではなく、ラケット面で押し出すようにスイングします。手の甲を相手コートに向けて、力を入れず大振りしないよう気をつけましょう。

D のポイント

ハイバックからクリアとみせかけて、ドロップを前に落とすことができれば、相手の陣形を崩すこともできます。難易度の高いテクニックですが、身につけるとリカバリーの返球に幅ができます。

ラケットフットを踏み込み、
インパクトの瞬間に
力を抜くイメージ。

インパクトしたら、
押し出すように振り切る。

CHECK ① ゲームの中で相手ペアを観察して使う

クリアを打つか、ドロップを打つかの状況判断がポイント。コート後方を走らされたとき、相手がどのコースを狙っているか観察してみましょう。高くあげるクリアは安全策ですが、ストレートドロップが打てると、クロスへのカットも有効になります。

リア
®

サイドアームからのドライブでチャンスをつくる

フォアハンド

ヒジの高さをキープしてスイングをする。

インパクトの瞬間に手首を内側に返す。

シャトルの落下点に入ってバックスイング。

リアの選手がミッドエリアから後方でドライブを打つ

リアにいる選手が、サイドアームから低い弾道のドライブを自由に打つことができればラリーを優位に進めることができます。フォアハンドとバックハンドの打ち分けはもちろん、コースの狙い、ショットスピードなどを高めることで、攻撃の組み

立てがしやすくなります。

シャトルの落下点にすばやく走り込んで、テイクバックでは後ろ足に重心を置きながら、前足を踏み込み、スイングを開始。ツマ先はサイドラインに向けつつも、腰と体をひねってラケットをスイングします。

D のポイント

ダブルス

　ドライブの軌道は、シャトルが床と平行に飛んでスピードがあるので、決定打の前に使うと有効です。ロングドライブは、コート後ろのエリアで打つショットです。

バックハンド

シャトルの落下点に入ってバックスイング。	ヒジの高さをキープしてスイングをする。	インパクトの瞬間に手首を外側に返す。

CHECK ① 手首の使い方でスピードとコントロールをアップ

　インパクトの瞬間に強く手首を返すことがポイント。手首の使い方でコースが変化し、手首を前方に返せばストレート、手首をななめに返すとクロスに打ち分けることが可能です。最後にスナップを利かせるとフォロースルーがスムーズになります。

39

コツ 14 つなぎのショットを身につけラリーに緩急をつける

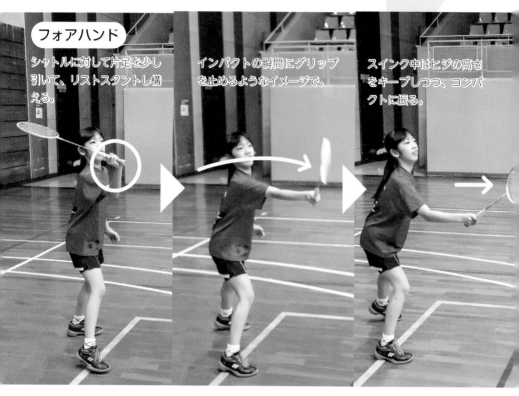

フォアハンド

シャトルに対して片足を少し引いて、リストスタントし構える。

インパクトの瞬間にグリップを止めるようなイメージで。

スイング中はヒジの高さをキープしつつ、コンパクトに振る。

相手が強打しにくいコースへ軽く返す

　ショートドライブは、サーバーがサービスを出した直後の二球目で、相手がショートエリアをついてきたリターンに対応できるショットです。

　ラリーでは常に、強打や相手の逆をつけるショットが打てるわけではありません、状況によっては相手に決定打（あるいは強打）されないコースへの「つなぎ」のショットが求められます。ショートドライブは、強い球ではありませんがショートエリアにいる選手が返球することで、相手に十分な時間を与えず攻撃的なショットを回避することができます。

D のポイント

トップ選手たちは、強い球だけではなく、「緩めのドライブ」「速めのドライブ」を織り交ぜて、ラリーを構成しています。ショートエリアで使えるつなぎのショットをマスターしましょう。

バックハンド

シャトルに対して片足を少し引いて、リストスタントし構える。

インパクトの瞬間にグリップを止めるようなイメージ。

スイング中はヒジの高さをキープしつつ、コンパクトに振る。

CHECK ① 相手リターンをショートドライブで返球する

どちらかと言えば、つなぎのショットですがサービスエリアやネット付近で打てるとラリーの引き出しが増えます。たとえばサーバーがサービスを出した後に、ハーフエリアに飛んだ相手レシーブをショートドライブで返球し、相手の体勢を崩します。

コツ 15 甘い返球を上から叩いて決める

フォアハンド

肩を引かずに手首とヒジだけでバックスイングをとる。

インパクトの瞬間、グリップを強く握って押し込むように振る。

シャトルに対してほぼ正対して、ヒジをあげて構える。

浮き球をフロントにいる選手がプッシュで決める

コート上に二人の選手がスペースをうめているダブルスの試合では、スマッシュがそのまま決まり、ポイントになる展開は少ないと言えます。相手の返球が甘いときほど、プッシュのチャンス。フロントの選手が、ネット際で浮いたシャトルをプッシュで決めましょう。

ヒジの高さをキープして、ラケット面を上から下に振り抜き、シャトルを真下に落とすようなイメージでコンパクトにスイング。インパクトの瞬間にグリップを強く握り、指先で弾く感覚で打ち込みましょう。

D ダブルス のポイント

　ダブルスでは、リアコートの打ち合いだけではなかなか勝負が決まりません。カギを握るのが前にいる選手の「プッシュ」。相手ショットを前で叩くことで得点の確率がアップします。

バックハンド

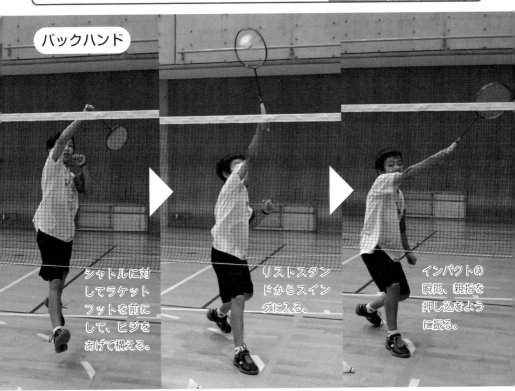

シャトルに対してラケットフットを前にして、ヒジをあげて構える。

リストスタンドからスイングに入る。

インパクトの瞬間、親指を押し込むように振る。

CHECK ① 目線のブレに気をつけて前に出る

　チャンスをより確実にものにするには、浮いたシャトルに対して、すばやく前にダッシュして、プッシュを決めることも必要です。走ることで目線が大きく動きやすいので、水平目線をキープし、ミスのないようラケットを振っていくことが大切です。

43

フロント
F

打ちたいコースに面を向けて腕をワイパーのように動かす

フォアハンド

フットワークを使って前に出る。

ラケットフットでバランスをとりながら、ヒジをあげてバックスイング。

振り終えたら着地する。

ラケットを右から左へ振り、シャトルをヒット。

ラケット面とネットを平行にしてスイングする

　浮いたチャンスボールは、できるだけ早いタイミングで叩き、相手コートにシャトルを沈めることが基本です。しかし、勢いあまってラケットがネットにふれたり、越えてしまうことは NG。そうならないためにフロントが得意な選手は、ワイパーショットをマスターしています。

　ワイパーショットは、ラケット面とネットを平行にし、左右に動かすようにスイング。フォアハンドなら右から左、バックハンドなら左から右にシャトルのコルク部分を払うようにヒットします。

D のポイント

フロントにいる選手が、プッシュよりもよりネット近くでシャトルをヒットするため、文字通り車のワイパーのように腕を動かすショット。身につけることで得点場面での決定力がアップします。

バックハンド

フットワークを使って前に出る。

ラケットフットでバランスをとりながら、ヒジをあげてバックスイング。

ラケットを左から右へ振り、シャトルをヒット。

振り終えたら着地する。

| CHECK ① | グリップを握り替えて コースを打ち分ける |

ワイパーショットのスイングの軌道は、左右に限定されるため、コースの打ち分けはラケット面で調整するしかありません。打ちたい方向に対して、しっかりラケットフェイスをあわせることがポイント。瞬時のグリップの握り替えが必要になります。

コツ 17 ジャンプしたところから 強打でシャトルを沈める

フォア側

上方にジャンプしながら、ヒジをあげてスイングに入る。

すばやくシャトルの軌道を予測し、ジャンプの準備。

ダイナミックなスイングでラケットを振り抜き、着地する。

バックハンド側はラウンドショットで打つ

　飛んできたシャトルに対し、後ろにいる選手が打つのか、前の選手が打つのかによって、相手ペアの準備やシャトルの体感スピードも変わってきます。多少のリスクがあっても、フロントの選手がシャトルにコンタクトした方が、相手にとって難しい

リターンとなるでしょう。

　シャトルの軌道を予測し、バックスイングをしながら両足で踏み切って、ジャンプしたらダイナミックなスイングで下方向に振り切ります。バックハンド側は、ラウンドショットで打つ方が威力は倍増します。

D ダブルス のポイント

サイドジャンプは、相手コートから抜けてきそうなシャトルに対し、フロントマンが飛びついて打つ強いショット。前にいる選手がスマッシュ軌道で叩くため、決定力が高まります。

ラウンド側

振り終えたら左足から着地する。

シャトルの軌道を予測し、飛びつくようにジャンプ。

ヒジを高くあげ、頭上でラケットをスイング。

CHECK ① ジャンプ中はフリーハンドでバランスをとる

トップアンドバックのフロントにいる選手が、相手コートから飛んできたアタッキングロブやドライブにサイドジャンプで対応します。ジャンプするため空中でバランスが崩れないよう、ラケットを持たない腕（フリーハンド）でバランスをとります。

ミッド
M

スマッシュを確実に返球して攻勢に出る

フォアハンド
すばやくシャトルの前に入り、グリップテールとヒジを相手に向ける。

ヒジを先行させてラケットを振る。

ミートを心がけ、コンパクトにスイングする。

グリップのテールとヒジを相手に向けて振り出す

スマッシュレシーブは相手の強打を返すショット。ライト、レフトどちらの状況でも打てるようにしたいテクニックです。守備的なショットですがコースはもちろん、長い球や高い球を打つことができると、自分たちの体勢を整えることが可能になります。

スイングでは、相手のスマッシュの威力に食い込まれないよう、手首とヒジを上手に使うことが大切。グリップのテールとヒジを相手に向けたところから、振り出すことでヘッドのスピードがあがり、コンパクトなスイングでも強い返球ができます。

Dのポイント

ダブルス

コート後方から打たれるスマッシュをうまく返球できないと、ラリーで相手に押し切られてしまいます。コースや長短や高低を打ち分けることで、守備から攻撃の機会をうかがうことも可能になります。

バックハンド

ヒジを先行させてラケットを振る。

しっかりグリップテールとヒジを相手に向ける。

ミートを心がけてコンパクトにスイングする。

CHECK ① フリスビー投げでフォアハンドをイメージする

フォアハンドでグリップテールを前に向ける感覚がつかみにくいときは「フリスビー」を投げるイメージを持つと良いでしょう。回転量が多く、遠くまで飛ぶ軌道のフリスビー投げは、ヒジが先行して、遅れて前腕とフリスビーが振り出されます。

コツ 19 短いリターンで相手を前に走らせる

フォアハンド

シャトルの前に入ってラケット面を向ける。

小さいバックスイングからラケットを振る。

ラケット面でシャトルの勢いを吸収するようにインパクト。

小さくフォロースルーをとる。

ラケット面でシャトルの勢いを吸収する

ショートリターンはボディ近くにきたシャトルに対しての「スマッシュレシーブ」のテクニックのひとつ。短く返すことが基本で、体の向きをラケットの面を調整して、空いているコースに返球します。

ショットの精度を高めるためにも、インパクトした球の軌道は自コートで頂点をむかえ、ネットを越えたところで落ちるようなイメージ。

小さなスイングを意識しつつ、できるだけ手首の動きを使わないようにし、インパクトではラケット面でシャトルの勢いを吸収します。

D のポイント

ダブルス

ダブルスではシングルスに比べてスペースが小さいため、ボディショットも多くなります。体の近くにきたシャトルに対し、ショートリターンでコースを打ち分け処理することでピンチを回避します。

バックハンド

シャトルの前に入ってラケット面を向ける。

ラケット面でシャトルの勢いを吸収するようにインパクト。

打ちたいコースへラケット面を向ける。

小さくフォロースルーをとる。

CHECK ① 懐にスペースをとって コースを打ち分ける

打点は、体の前が基本。しかし体の使い方を柔軟にしておくと、いろんな打点がとれるようになります。ラケットを持つ腕の懐にスペースをとることで、体やラケット面を調整でき、相手にとってはフェイントになって、対応を遅らせることもできます。

コツ 20 シャトルの威力を利用して鋭くカウンターで返す

フォアハンド

上から落ちてくる軌道のスマッシュに対して、もぐり込むように姿勢を低くする。

ラケット面がグリップより上になるようテイクバック。

リストスタンドしてコンパクトに振る。

ネットすれすれの軌道の鋭いドライブを打つ

ロングドライブは、足を踏み込んで体を大きく使って打つことができます。一方のドライブレシーブは、球速のあるスマッシュを体の近くで返すため、体の使い方がやや違います。

相手のスマッシュのスピードを利用し、鋭い直線的な軌道のドライブが打てるように練習しましょう。

飛んでくるシャトルに対し、タイミングを合わせてカウンター気味に返すことがポイント。シャトルが浮いてしまうと、相手のフロントの選手に叩かれてしまうので、ネットすれすれの軌道を目指します。

　スマッシュに対してロブやショートリターンだけでは、守備（しゅび）が主体（しゅたい）となってしまいます。ドライブを使った強い返球（へんきゅう）ができるようになると、ピンチから攻撃に転ずることができます。

バックハンド

バックハンドの場合、ラケットをやや短く持つと操作しやすくなる。

インパクトからかぶせる、または押し出すようコンパクトにスイング。（写真はかぶせる打法）

スマッシュに対して、もぐり込むように姿勢を低くする。

CHECK ①　腰（かいてん）の捻転を使ってスマッシュに力負けしない

　向かってくるスマッシュをしっかりミートするには、体の使い方がポイント。コンパクトなスイングで、体をしっかり捻転させ、スマッシュの力に負けないスイングスピードをつくります。インパクト直後（ちょくご）は手首を返して、シャトルを押し出しましょう。

フロント
F

相手コートにはやいタイミングで落ちるヘアピンを打つ

フォアハンド

足を動かしカカトから打球点に入る。

腕を伸ばしたまま、体を寄せてシャトルにタッチする。

シャトルをラケット面に乗せて押し出す

ダブルスの試合でヘアピンを使うときは、フロントにいる相手選手の位置を確認しつつ、できるだけはやいタイミングでタッチし、相手コートに落ちる軌道が理想です。シングルスでは、白帯ギリギリを狙うようなヘアピンが理想ですが、むしろダ

ブルスではスピンをかけたりするよりも、いかにはやいタイミングでシャトルにさわるかが重要になります。

ネットに近いできるだけ高い打点で、「打つ」というよりも「ラケット面に乗せて押し出す」イメージでシャトルにタッチしましょう。

D のポイント

ダブルス

　ダブルスは、シャトルをなるべく上にあげない攻撃的スタイルが主流。シャトルをあげて返せば、相手の攻撃に決められてしまいます。低く前に落とすヘアピンは効果的なショットです。

バックハンド

足を動かしかかとから打球点に入って、腕を伸ばす。

腕を伸ばしたまま、
体を寄せてシャトルに
タッチする。

CHECK ① 腕と足を使って
ラケット面を押し出す

　ヘアピンは、足の動かし方がポイントです。先に体が動いてしまい、それから腕を伸ばすようなショットでは微妙なコントロールはできません。足を動かして打球点に入り、伸びた腕と体で押し出す動作を身につけましょう。

55

コツ 22 速いタッチでクロスをついて空いているスペースを使う

フォアハンド

足を動かしカカトから打球点に入る。

手首を柔らかく使って、クロス方向にインパクトする。

クロスコースに向けてラケット面を当てる

シングルスのクロスネットは、ストレートに打つような形をギリギリまでつくって、クロス方向に面を変えます。コートに二人の選手が入るダブルスでは、フロントの選手が上でさわれない、はやいタイミングの打点が必要。クロスコースが空い

ていたら積極的に狙ってみましょう。

シャトルのコルクが下を向いたところで、クロスコースに向けたラケット面ですばやくインパクトします。このとき手首を柔らかく使い、ラケット面の上方で運ぶようなイメージを持つと良いでしょう。

Ｄ^{ダブルス}のポイント

　クロスネットは、前にシャトルを落とされたときの対応として使えるショット。フロントの選手に叩かれないよう、速いタッチでクロスに返球することで相手の陣形を崩すことができます。

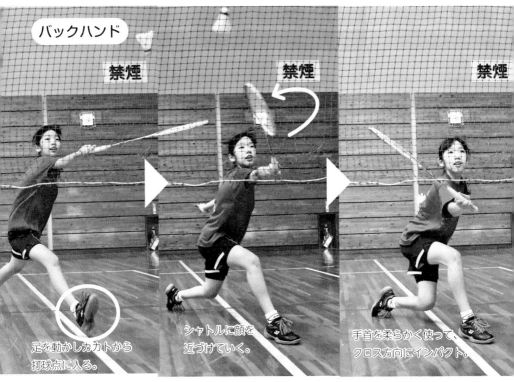

バックハンド

禁煙　　禁煙　　禁煙

足を動かしカカトから打球点に入る。

シャトルに顔を近づけていく。

手首を柔らかく使って、クロス方向にインパクト。

CHECK ① 足を動かしてシャトルに顔を近づける

　ダブルスで使うクロスネットは、はやいタイミングの方が成功率は高くなります。できるだけ顔を打点に近づけながら、ラケットを操作することで「手打ちに」ならず、サイドアウトなどのミスが少なくなります。足を動かし、落下点に入ることが大切です。

コツ 23 シャトルに変化をつけて 相手のミスを誘う

フォアハンド

ストレートに飛んで
くるシャトルに対し
て打球点に入り、ラ
ケットフットを踏み
込む。

ラケットを目線の
高さにあわせる。

腕を伸ばして「外側→内側
（時計回り）」に切る。（逆
の切り方もある）

シャトルのコースにあわせて切り方を変える

スピンネットは、ラケット面を状況別に内外に切って、シャトルに不規則なスピンをかけるヘアピンの応用テクニック。フォアハンドとバックハンドで、相手ショットが飛んできたコースに対しても、それぞれ切り方が違うので、マスターしましょう。

スピンネットは前に落とし、決めにいくのではなく、相手のミスを誘うショットなので、できるだけはやいタイミングでヒットすることがポイントです。手だけの操作にならないよう、しっかり足を動かして落下点に入りましょう。

D のポイント

ダブルス

スピンネットは、できるだけネットに近いところに落とすことが大切です。ダブルスでも相手にロブのエラーを誘ったり、高い球をあげさせたいときには有効なショットなので、ゲームのなかで使い分けましょう。

バックハンド

ラケットフットを踏み込み、ラケットを目線の高さにあわせる。

ストレートに飛んでくるシャトルに対し、ラケットフットを踏み込む。

腕を伸ばして「内側→外側（反時計回り）」に切る。（逆の切り方もある）

CHECK ① シャトルが飛んでくる方向にあわせて切り方を変える

フォアハンドではクロス方向から飛んできたシャトルに対しては、「内側→外側（反時計回り）」に切る方法も有効。バックハンドも「外側→内側（時計回り）」に切ることができると、ショットのバリエーションを増やすことができる。

小学生の体の鍛え方
成長期は体幹を鍛えて
体づくりのベースをつくる

　小学生は、骨や筋肉、臓器、神経系、リンパ系などが急激に発達する成長過程になります。まだ体が十分にできあがっていない段階では、重い負荷での筋力トレーニングや長時間の走り込みなどを行ってしまうと、無理が生じてケガや成長の支障を招いてしまいます。

　成長期のトレーニングとして最適なのは、体幹を鍛えるメニューです。体幹とは体の中心部で、おもに胴体まわりを指し、姿勢のキープや正しいフォームの維持に役立つ部分です。ここを動的に鍛えることにより、体の軸の安定性、バランス力などを高めることができます。

　バドミントンは相手のストロークに対して、あらゆる方向にすばやく動き、ジャンプやストップしても体勢を崩さず、ストロークすることが大切になります。

　体幹が安定していると、これらの動きがスムーズになり、反応が良くバランスが整った体になります。ケガ防止にもつながるので、練習メニューに取り入れてみましょう。

PART3

サーブ＆レシーブで主導権を握る

選手の成長に応じたサーブ ＆レシーブで主導権を握る

選手の成長によってサービス・レシーブは進化する

　ダブルスに限らず「サービスとサービスレシーブ」は、得点のカギを握る重要な要素です。サービスの精度が低く、浮いた軌道となってはレシーブで叩かれてしまいます。レシーブにしても、相手サーブに何の準備もせず返球していては、三球目で得点を決められてしまうでしょう。

　サービスとレシーブの戦術もパワーやスピードの進化とともにも変化していきます。低学年はサービスとサービスレシーブともにロングで飛ばす「守備的」な戦術が有効です。高学年になると、ラリーが高速化されてシニアと同じような展開のゲームになっていきます。

CHECK ①　低学年はロングサービスとロングレシーブを多用する

　筋力が発達していない低学年は、シャトルスピードが遅いのでリアに球を集める傾向があります。「ロングサービス」、と「ロングレシーブ」を効果的にするためにも、コーナーを狙える技術を身につけましょう。

CHECK ②　強打に対するレシーブ力を磨く

　高学年においては、ラリーにおいて球のスピードがアップしていきます。シャトルが浮いてしまうと、スマッシュやプッシュなどの強打で守勢にまわります。三球目・四球目の強打対策のレシーブ技術も磨いていきましょう。

CHECK ③　サービスはショートとロングを打ち分ける

　バックハンドでロングサービスを出しにくい低学年は、フォアハンドを使うのも効果的です。フォアハンドでショートとロングを打ち分けていくことで、コートを広く使ってレシーバーを揺さぶっていきましょう。

ダブルス D のポイント

　フロントとリアにいる選手が前後に並ぶ「トップアンドバック」は攻撃的なフォーメーションです。しかし低学年では、コート左右のスペースが空いてしまうため、横並びに近い「サイドバイサイド」の形も有効です。

コツ 24 相手と駆け引きしながら優位に立つ

思い通りにレシーブされないサービスを出す

サービスはルールで打つ側の得点が偶数であれば右サイドから、奇数であれば左サイドからそれぞれ対角線上のエリアに出します。実戦ではショートサービスとロングサービスで距離を打ち分けるのが基本です。

相手の構えを観察し、動きにくい方向を狙ったり、タイミングをずらすなどして、レシーブの動きを遅らせることができます。前後だけでなく左右のコントロールも、サーバーにとっては大事。自分の狙ったところ、相手が狙っている逆方向に配球する技術を身につけましょう。

CHECK ① ショートサービスから攻撃を組み立てる

ショートサービスとロングサービスの効果的な組み立ては、たとえば2本連続でショートサービスを打ち、次に同じフォームからロングサービスを打つパターン。それ以降、相手はショートかロングで迷うでしょう。

CHECK ② ロングサービスで相手を後ろにさげる

コート後方を狙うロングサービスは、相手をネットから離し、あおり気味に打たせるのが目的。できるだけショートサービスと同じような動作で相手を後ろにさげ、スマッシュに対しカウンターを狙う準備をしましょう。

CHECK ③ レシーバーの足の向きや体勢をみてサービスを出す

レシーバーが構えるときの両足の並びとツマ先の向きをチェックしましょう。レシーブは体が開いた、ツマ先の方向に動き出しやすい傾向があります。相手が動きにくいポイントを狙っていくと良いでしょう。

ダブルス D のポイント

サービスの後のレシーブにすばやく対応するため、どこにサービスを出すかパートナーと共有しておくことが大事。「ショート」か「ロング」か、コースが「センター、ミドル、サイド」かを明確にし、サインや会話で確認します。

65

コツ 25 コントロールと精度を重視してサービスを出す

ラケットをやや短く持ち、左手でシャトルを持ち、足を前後に軽く開いて構える。

シャトルを離したら、コンパクトに振りかぶる。

コンパクトに振れる位置にシャトルを落とす

低学年の場合、バックハンドのサービスでリアコートまで飛ばすことが難しいため、フォアハンドで「ショート」「ロング」を打ち分けます。

ショートサービスばかり打っていると、読まれてプッシュで叩かれてしまいます。できるだけ同じフォー

ムで打ち分けて、高さやコースにも注意しましょう。

以前は「腰より上でのヒット」「ラケットヘッドが手より上のヒット」は反則でしたが、ルール改正により、コート面から 115cm 以下であれば、写真のように打つこともできます。

Ⓦ のポイント
ダブルス

　フォアハンドのショートサービスは、バックハンド
サービスと比べてコンパクトに振りにくいので、コン
トロールが大切。レシーバーの構えをみて、返球しに
くい位置を狙ってサービスを出しましょう。

リストスタンドを保ち
スイングに入る。

押し出すように振り抜く。

CHECK ①

サービスを出したら相手リターンに備える

　ショートサービスは大振りせず、手の届く範囲内で
シャトルをインパクトします。このときシャトルが浮
かないように、カットするようなイメージを持つのも
良いでしょう。また打ち終わったら、相手のリターン
に備えることも大切。相手がリターンしたら、
積極的に前で仕掛けていきましょう。

コツ 26 高さに注意してレシーブを自由に打たせない

ラケットを持つ腕と同じ側の足を前に出すスタイルが基本。

親指と人差し指で支えたシャトルを離す。

常に同じフォームでサービスを打つ

バックハンドのショートサービスの場合、微妙な手首や面の調整でサービスのコースを打ち分けていくことができます。サービスを打つときは、構えはもちろん、インパクトに入るまで常に同じフォームで打つことが大切。サービスのコースに

よってフォームが変わってしまっては、相手に読まれてしまいます。

ショートサービスとロングサービスの打ち分けも、同じフォームから打てることが大切。そうすることでショートサービスとロングサービスの相乗効果が期待できます。

ダブルス Dのポイント

　サーバーは常に狙ったところに、正確にコントロールします。ペアはどのコースにサービスが出されるのか把握し、相手レシーブのコースを絞り込んでいくことで、三球目を有利に進めます。

シャトルを離した瞬間に、指先を使って押し出しヒット。

サービスを出したらすばやく相手リターンの準備に入る。

CHECK ①	相手に自由なレシーブをさせない ネットぎりぎりの高さを目指す

　相手レシーバーは、少しでもサービスが浮いたり、甘くなれば攻撃的なプッシュで打ち込んできます。そうならないためにもギリギリの高さを狙える技術が大切。サービスの勢いはネットを越えたところで、シャトルが下向きに落ちる強さが理想です。

コツ 27 ロングサービスを出して相手を後ろにさげる

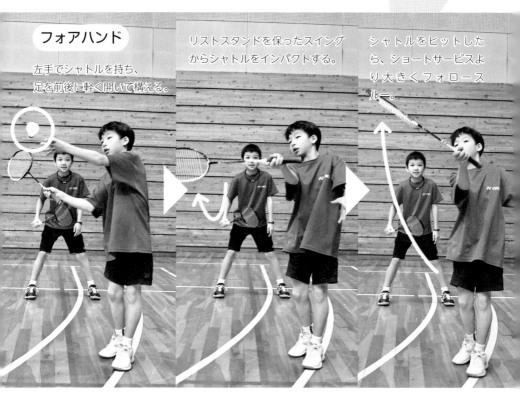

フォアハンド

左手でシャトルを持ち、足を前後に軽く開いて構える。

リストスタンドを保ったスイングからシャトルをインパクトする。

シャトルをヒットしたら、ショートサービスより大きくフォロースルー。

ロングサービスを使って相手レシーブの読みを外す

　ショートサービスだけだと、相手に読まれてプッシュで叩かれてしまいます。そうならないために、ロングサービスを織り交ぜていきます。

　ロングサービスはエンドラインまで高い軌道で飛び、ラインの真下に垂直で落ちるようなサービスと低く攻撃的なフリックサービスがあります。

　レシーブから強いプッシュを打ってくる高学年では、ショートサービスに加えて2種類のロングサービスの打ち分けをすることで、相手のサービスに対する読みやレシーブのリズムを崩すことができます。

D のポイント

ダブルス

低学年の場合は、ロングサービスを意識的に多用することも戦術のひとつです。後ろからスマッシュを打たれても、威力がある強打は少ないので、落ち着いて三球目に対応していきましょう。

バックハンド

ラケットを持つ腕と同じ側の足を前に出すスタイルが基本。

親指と人差し指で支えたシャトルを離す。

シャトルを離した瞬間に、指先を使って弾くようにヒットする。

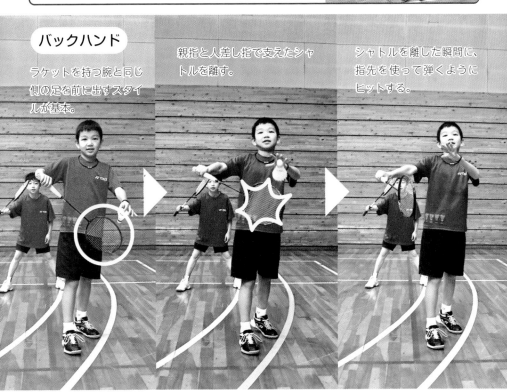

CHECK ①　相手の体勢を崩して　スマッシュコースを限定する

ロングサービスの狙いは、センターラインよりの「センター」、外に向かって「ミドル」「サイド」。サーバーの位置が左右入変わっても、できるだけピンポイントで狙えること。高い球は球速が遅めですが、相手を確実に後ろにさげられます。フリックサービスは低めですが、相手は反応しにくいので、うまく使い分けましょう。

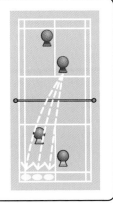

相手の反応をみながら
サービスを出す

センター　ミドル　サイド

サービスのコースを打ち分けて裏をかく

　レシーバーはどのコースにも対応できるようセンター寄りの「ミドル」の位置に構えるのが基本です。

　たとえば相手レシーバーが利き腕側のコートにいる場合、「センター」へのサービスはバックハンドでのレシーブとなりやすく、「ミドル」へのサービスは体に向けて飛んでくるシャトルをレシーブする形になります。

　この二つのコースを重点的に攻めて、相手レシーバーの意識をセンター寄りに集めることで、一転して「サイド」へのサービスが効果的になります。

CHECK ① レシーバーの構えをみて裏をかくサービスを出す

サーバーは、レシーバーの構えや手の向きをしっかり観察することで、レシーバーの読みや狙いを把握することも大切です。強いレシーブでプッシュを打たれると、サービス側は守勢にまわってしまいます。

CHECK ② バックハンド側にサービスを出してプッシュを防ぐ

フォアハンドでプッシュを狙っているようならバックハンド側に出したり、ロングサービスに切り替えるなども有効。逆にロングサービスを出した後は、ネットぎりぎりで前に落とすショートサービスが効いてきます。

CHECK ③ サービスを出すタイミングを微妙に変える

レシーバーのリズムを狂わせることも大切です。常に同じタイミングで打つのではなく、少し長くシャトルを持ってから打ったり、相手が気を抜いているようなら早いタイミングで出すことも効果的です。

D（ダブルス）のポイント

狙ったところにサービスが打てるようになれば、相手レシーブのコースが限定でき、三球目が有利になります。「センター」「ミドル」「サイド」のうち一か所でも精度の高いサービスを出すことからはじめましょう。

コツ 29　どんなサーブにも対応できる構えで待つ

正確なレシーブで優位な展開に持っていく

　テニスや卓球とは違い、バドミントンのサービスはスピードが遅く、変化も小さいので、レシーブから有利な展開に持ち込むことができます。低学年や女子ではロングサービスにも対応できるようサービスラインからラケット1本程度下がったと

ころで構え、パートナーは、そのすぐ後ろのセンター寄りに構えます。

　3球目で相手に思うようなショットを打たせないことで主導権を握りましょう。サービスの高さやコースに応じたレシーブ技術をマスターしておくことがポイントです。

CHECK ①　いつでも動き出せる体勢で構える

　レシーブでは、サーバーが打ったシャトルに対し、前後左右にすばやく反応し、相手が返球しにくいレシーブを目指します。足を前後に開いて後ろ足のカカトをあげ、どこにでも動き出せるよう準備しましょう。

CHECK ②　低学年はロングレシーブを有効に使う

　スマッシュの力が強くない低学年では、リアコートにサービスレシーブを返すことも戦術のひとつ。相手ペアを後ろにさげてから、相手のフォーメーションを崩していくパターンを考えてみましょう。

CHECK ③　レシーブから攻撃的に仕掛けていく

　打力があがってくると、簡単なロングレシーブでは相手にスマッシュを打ちこまれてしまいます。前に出て上から叩くプッシュか、難しいようなら空いているスペースにハーフ球やショートレシーブで返球するのが効果的です。

Ｄ（ダブルス）のポイント

　サービスの精度が高いチームに対しては、二球目のレシーブをコートの中央に押し込むように返すのも有効です。まずはリアにいる選手に体近くでシャトルを拾わせるようにすれば、そこからの展開は考えやすくなります。

CHECK ① 上から叩いて一気に決めるプッシュ

　二球目のレシーブで一気に相手を押し込むには、プッシュが最適です。フォアハンド・バックハンドどちらでも打てることが大事。相手のサービスが浮いてきたら、一気に前に出て上から叩きましょう。

CHECK ② ロングサービスにはすばやくさがって対応する

　ロングサービスでコート後方にさげられたら、すばやく落下点に入り対応します。コースがないときはクリアで返球し、高い打点でスマッシュを打てるときは、角度をつけて相手サーバーがブロックしにくい軌道を目指します。

CHECK ③ ハーフ球はドライブなどで空いているコースを狙う

　サービスへの反応がやや遅れても、空いているコースを狙ってコントロールします。このときサーバーの後ろにいる選手に拾わせることが大事。長めのハーフ球を使って四球目に決められるような展開に持ち込みます。

CHECK ④ 意表をついてネット際にレシーブを落とす

　相手ペアの意識がハーフから後ろにある場合、ネット際への短いレシーブも有効です。ヘアピンやスピンネットなどを使って、ネット際にシャトルを沈めましょう。仮に拾われても四球目にチャンスがやってきます。

PART4

サーブ＆レシーブ
から攻撃を
組み立てる

コツ チャレンジ 三球目・四球目で 決定打にもっていく

サービスまわりを強化してポイントをとる

　1球目のサービスから2球目のサービスレシーブ、そして3球目、4球目に展開されるラリーを「サービスまわり」と呼びます。このサービスまわりでは、サービス側は3球目、レシーブ側は4球目でポイントを奪えるパターンを身につけておく

ことが大切です。
　ショット技術と基本的なサービス＆レシーブの技術があれば、ペアとしての戦術を組み立てることができ、先を読んでプレーしたり、自分たちの得意な形で押し込んでいく攻撃が可能になります。

CHECK ① サービスとレシーブの精度が3球目の攻防につながる

　レシーブ側は、できるだけサーバーにとらせない2球目の返球がポイント。叩けない場合でも、リアにいる選手にとらせるようにします。3球目でサーバーがしっかり反応できるチームは、サービスの精度が高く強いペアです。

CHECK ② レシーブは常に攻めの姿勢を崩さない

　強打がないサービスに対し、2球目のレシーブ、4球目のリターンは、プッシュやハーフ球などで前に出て相手を崩しにいくことが大切です。決して甘い球を見逃さず、ラリーを優位に持っていく機会を狙っていきましょう。

CHECK ③ サービスの種類と役割を明確にする

　サービス側は、長短のサービスを打ち分けて、レシーバーが狙ってくるところをかわしていきます。2人の役割分担を明確にし、次にどんなサービスを出すか共有しておくことで、3球目に決められる可能性も高くなります。

ダブルスDのポイント

　ジュニアの「サービスまわり」では、レシーブ側が攻撃的なラリーで優位に立てる傾向があります。本書では、まずレシーブ側の戦術パターンを紹介し、それに対するサービス側の戦術パターンを解説していきます。

状況にあわせたフォーメーションでラリーを制する

攻守を入れ替えながらポジション取りする

　ダブルスでは、ペアがポジションを前後左右に入れ替わりながらラリーします。基本のフォーメーションは技術の高いゲーム・メーカーが前（フロント）、打力のある攻撃的な選手が後ろ（リア）に、タテ並びになる「トップ＆バック」の形をつくります。

ラリーで守勢にまわったときは、プレーヤーが左右に並ぶ「サイドバイサイド」の形で相手の攻撃をしのぎ、スキがあれば攻撃に転じるタイミングを狙っていきます。攻守が入れ替わる中でも、コートに穴が空かないようにペアで連携しましょう。

CHECK ① ペアがタテに並び攻撃的に仕掛ける

攻撃的なフォーメーションの「トップアンドバック」。前はスピードがあり器用な選手、後ろはスタミナとパワーがある選手が向いています。パートナーがどこに打つかを予測しながら相手の返球に備えて攻めましょう。

CHECK ② 相手の状況をみながら攻守を切り替える

ペアでコート半面ずつを守る「サイドバイサイド」のフォーメーション。相手のアタックを読みながらポジションを微調整していきます。チャンスがあればドライブやカウンターを仕掛け、攻撃にシフトしていきましょう。

CHECK ③ 前後の選手が入れ替わってローテーション

ラリーの展開によっては、打力のあるリアの選手が前に出て、フロントの選手が後ろにさがって、ロングリターンに備えます。ペアがタイミングよくローテーションすることで、攻撃のバリエーションが広がります。

D（ダブルス）のポイント

どんなフォーメーションにおいても、パートナーが相手のリターンに対し、どのコースのシャトルを狙って、どのような返球をするのかイメージしておきます。特にサービスまわりでのペアの連携は、得点に直結します。

コツ
30

リターンのコースを読んでネットにつめる

1 サーバーが
ショートサービスを出す

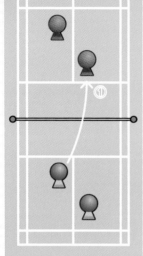

2 レシーバーは
バック側にプッシュ

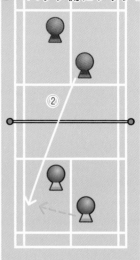

3 そのままやや
ネット際につめる

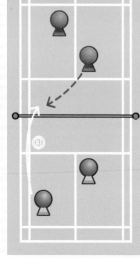

4 ストレートのリターンを
ネット際に落とす

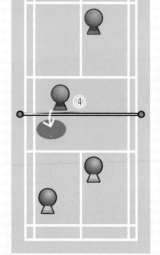

🏸 サーバー　🏸 レシーバー

シャトルの動き ----->
選手の動き　　- - - →

手前（青）のペアからショートサービスが出されたところから、奥のレシーブ側のペア（赤）が四球目で決めるパターン。レシーブ側の二球目を相手サーバーにとらせず、後ろにいる選手に返すことがポイント。

CHECK ① サービスに対してしっかり構えて待つ

どんなサービスにも対応できるよう構えて待つ。ショートサービスがきたら、すばやく反応して高い打点でシャトルをヒットする。

CHECK ② 二球目をハーフのエリアにリターン

ショートサービスに反応してすばやく前へ。サーバーにとられないようバック側にプッシュし、相手の後ろの選手にストレートのリターンをさせる。

CHECK ③ ストレートのコースを読んでネットにつめる

腕が伸びた相手の後ろの選手はロブをあげるか、ストレートのコースに打つしかない。前につめた選手はストレートのコースをケアする。

CHECK ④ フロントのスペースにシャトルを落とす

前につめた選手は、ネット際で落ち着いてフロントのスペースに落とす。サーバーの動きを見て、ストレートまたはクロスを狙う。

コツ 31 ハーフやドライブに跳びつきラウンドショットで決める

(サイドジャンプ)

1 サーバーが
ショートサービスを出す

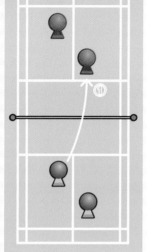

2 レシーバーはフォア側の
ハーフにリターン

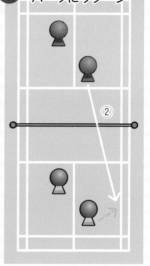

3 パートナーが
ドライブで返球する

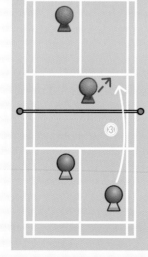

4 レシーバーが
ラウンドショットで叩く

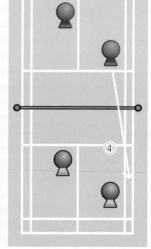

サーバー　　レシーバー

シャトルの動き ----→
選手の動き ----→

84

手前 (青) ペアがショートサービスを出し、奥のレシーブ側のペア (赤) が四球目で決めるパターン。

サービス側の三球目のドライブをフロントにいる選手がラウンドショットで決める。

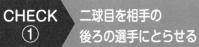

CHECK ① 二球目を相手の後ろの選手にとらせる

ショートサービスに対してフォア側の空いているコースを狙う。二球目のレシーブを相手のサーバーにとられてしまうと、四球目の対応が遅れてしまう。

CHECK ② バック側に面を向け直前に面を変える

ショートサービスに反応してすばやく前へ。サーバーにとられないようフェイント気味にフォアに返して、相手の後ろの選手の打点が下がるようにする。

CHECK ③ ストレートのコースを読んでネットにつめる

相手の後ろの選手は、シャトルに追いつきドライブでストレートを抜こうとする。レシーブした選手はストレートのコースをしっかりケアする。

CHECK ④ ストレートのコースをラウンドショットで決める

ハーフやドライブでストレートのコースをついてきた三球目をラウンドショットで上から叩く。難しいショットだが準備していれば対応できる。

コツ 32 二球目にリアの ボディを狙ってつまらせる

1 サーバーが ショートサービスを出す

2 レシーバーはリアの ボディショットを狙う

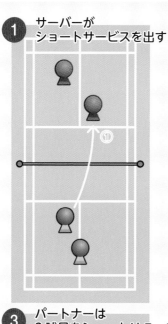

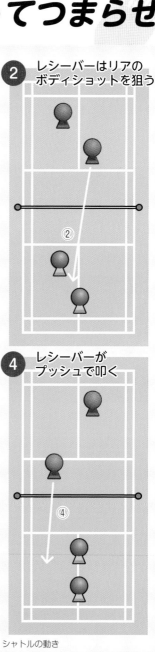

3 パートナーは 3球目をショートリターン

4 レシーバーが プッシュで叩く

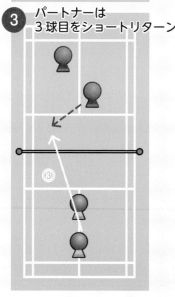

🔴 サーバー　🔴 レシーバー

シャトルの動き
選手の動き　---▶　---▶

手前 (青) のペアからのショートサービスに対し、奥のレシーブ側のペア (赤) が四球目で決める。レシーブ側の二球目を相手の後ろにいる選手のボディを狙ってつまらせることで、四球目のショットで優位に立つ。

二球目を相手の後ろの選手のボディを狙う

ショートサービスに対しての相手の後ろの選手の体を狙ってリターン。三球目をつまらせることで、浮いたシャトルを四球目で決めることを狙う。

二球目のリターンで相手を「串刺し」にする

サーバーにとられないよう強めの返球で、相手の後ろの選手のボディを狙って返す。リアがブラインドになる状況を「串刺し」という。

ラケット面でコースを読んでネットにつめる

相手はボディに向かってきたシャトルに対し、つまったリターンになる。クロスには打ちにくいので、リターンした選手はストレートのコースをケア。

プッシュやワイパーショットでシャトルを叩く

前につめた選手は、ネット際でプッシュやワイパーショットで、フロントまたはハーフのエリアにシャトルを落とす。コースはストレートがよい。

コツ 33 二球目をネット際に落として相手を動かす

① サーバーがショートサービスを出す

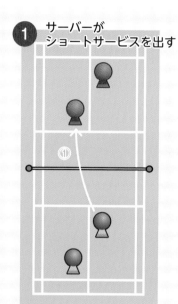

② 上から入ってネット際に落とす

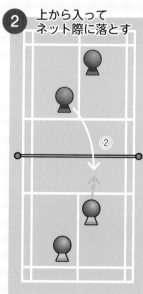

③ サーバーがネットで返球する

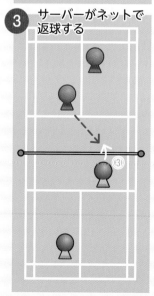

④ レシーバーはそれを読んで叩く

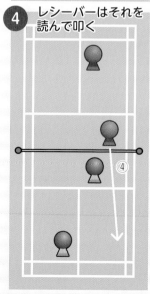

🔴 サーバー　🔵 レシーバー

シャトルの動き
選手の動き　- - -> - - ->

手前 (青) のペアからのショートサービスに対し、奥のレシーブ側のペア (赤) がショートリターンで返すパターン。二球目で相手を前に動かし、形を崩すことで、空いているコースを狙って四球目で確実に決める。

CHECK ① 二球目で目先を変えて意表をつく

レシーブをサーバーにとらせないことが基本だが、裏をかいてネット際に落とすことで相手の形を崩す。空いているコースに四球目を打ち込む準備。

CHECK ② ネット近くにショートリターンを返す

ショートリターンは、できるだけネットの近くに落ちるようコントロール。相手サーバーに低い位置でとらせることで、リターンのコースを限定する。

CHECK ③ プッシュをストレートのコースに決める

三球目が低い位置から返ってきたら、すばやくネットにつめてバックハンドのプッシュで強打。ストレートに打てば、相手のリアの選手も対応しにくい。

CHECK ④ ネットより高い位置でヒットする

相手の体勢をみて、すばやくネット際につめる。前に落としてきたらネットより高い位置で、飛び込んでプッシュやワイパーショットで決める。

コツ 34 ロングサービスに反応してストレートに強打する

1 サーバーが
ロングサービスを出す

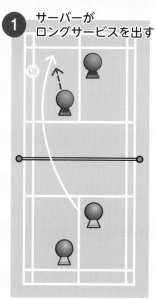

2 レシーバーが
スマッシュリターン

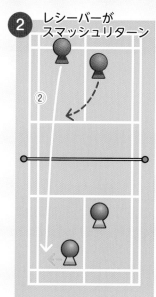

3 パートナーが
スマッシュをドライブリターン

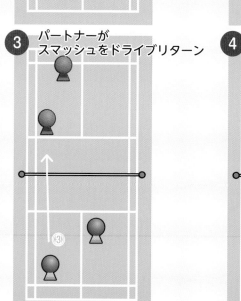

4 リターンを読んで
上から叩く

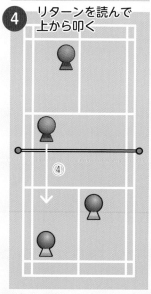

🔴 サーバー　🔴 レシーバー

シャトルの動き ━━▶
選手の動き - - -▶ ━ ━ ▶

手前（青）のペアからのロングサービスに対し、奥のレシーブ側のペア（赤）が四球目にフロントで叩いて決める。レシーバーがロングサービスに対し、すばやく反応して、力強いスマッシュを返球できるかがポイント。

CHECK ① ロングサービスにも対応できる準備をする

相手はショートサービスばかりとは限らない。強いスマッシュが打てない低学年は、ロングサービスやロングリターンからの攻撃も大事。

CHECK ② 後方に下がってストレートにスマッシュを打つ

レシーバーはリアまでしっかり下がって力強くスマッシュを打つ。ストレートのコースに打つことで相手の後ろの選手にリターンさせる。

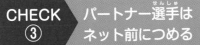

CHECK ③ パートナー選手はネット前につめる

相手はスマッシュリターンをドライブでストレートのコースに返球してくることが多い。レシーブ側のパートナーは、すばやくネット前につめていく。

CHECK ④ 高い打点でとらえてカウンター気味に決める

ストレートへのリターンを前につめてプッシュやブロックの高い打点でとらえる。カウンター気味に早く返球することで、相手は対応できない。

コツ 35 相手の狙いを読んで クロスにかわす

1 サーバーが ショートサービスを出す

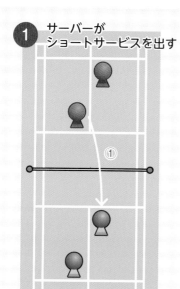

2 レシーバーは バック側にプッシュ

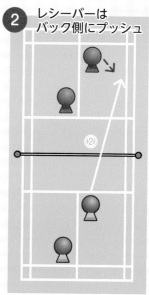

3 待ち構えてクロスへ

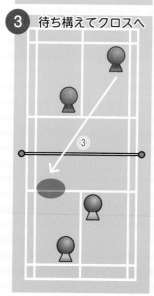

ダブルス D のポイント

コツ30の対策として、レシーブ側の狙いは、後ろの選手に二球目をバックハンドでとらせること。コースを読んで動き出し、リターンの準備をする。

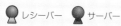
🔴 レシーバー　⚫ サーバー

シャトルの動き ━━▶

選手の動き - - -▶ - - -▶

奥の (赤) のペアはショートサービスを出し、これに対して手前のレシーブ側のペア (青) は、後ろの選手にとらせようと二球目から仕掛けてくる。四球目攻撃①で解説したパターンを防ぐ三球目の準備が大事。

CHECK ① 二球目のコースを読んで動き出す

相手の体勢やラケットの角度をチェックし、リアの選手はすばやくコースに動く。読みと見極めがよければ、はやめに打点に入ることができる。

CHECK ② クロスのスペースに落とす

レシーバーにストレートのコースをふさがれても、相手がトップアンドバックで縦に並んでいれば、クロスコースの角度がないところも狙い目になる。相手に高い位置でシャトルをヒットされないよう注意。コースが甘く入ったり、シャトルが浮いてしまうと叩かれてしまう。

CHECK ③ 相手が警戒してきたらストレート後方へ

相手がクロスを読み始めたらバックハンドでストレートに打ち抜く。ドライブショットなどで後方にシャトルを強打することで、相手は対応できない。

フロント
F

コツ
36

サーバーがレシーブコースを読んで前で叩く

1 サーバーが
ショートサービスを出す

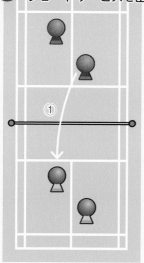
①

2 レシーブコースを読み
ラケットをあげる

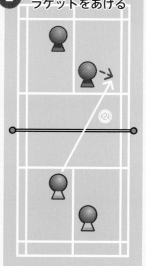
②

3 ラウンドショットで叩く

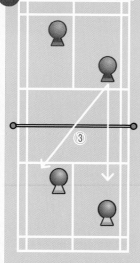
③

D のポイント
ダブルス

コツ30 対策の別パターン。レシーブの基本は、三球目を後ろの選手にとらせること。逆にサーバーが前で叩くことができればそれがエースにもなる。

🔵 レシーバー　🔴 サーバー

シャトルの動き
選手の動き ---▷ ---▶

奥の (赤) のペアはショートサービスを出し、これに対して手前のレシーブ側のペア (青) は、二球目でバック側のエリアを狙ってプッシュしてくる。四球目攻撃①で解説したパターンを防ぐサーバーの読みがポイント。

CHECK ① 相手リターンのコースを読む

サーバーはサービスを出しながら、相手の体勢や足の向きをしっかり見ながら、レシーバーの二球目の返球コースを読む。

CHECK ② 少し横に移動しながらシャトルを高い打点でとらえる

サーバーは横移動しながら、バック側のエリアへのリターンにすばやく反応。高い打点でシャトルをとらえる。

CHECK ③ サーバーが三球目を打つとチャンスが広がる

相手リターンの精度によっては、難しいショットになる。バック側への返球をラウンドショットやバックハンドのプッシュで決める。サーバーが三球目で叩くことができると、ラリーを優位に進めることができる。積極的に仕掛けていこう。

コツ 37 ハーフエリアをカバーして ドライブで返球する

1 サーバーが
ショートサービスを出す

2 ハーフを読んで
リアの選手が動く

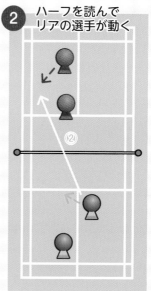

3 待ち構えて
高い打点でストレートへ

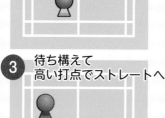
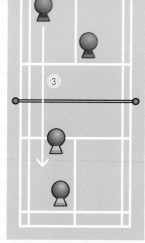

ダブルス D のポイント

コツ 31 の対策。ハーフエリアは高学
年のレシーブで狙われるので、後ろの
選手がカバーしてドライブで対応。

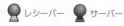
レシーバー　サーバー

シャトルの動き
選手の動き ---→ ---→

奥の（赤）のペアはショートサービスを出し、これに手前のレシーブ側のペア（青）は、二球目でハーフエリアを狙って仕掛けてくる。四球目攻撃②で解説したパターンを防ぐ三球目の打点の高さがカギ。

CHECK ①　相手が狙うハーフエリアをカバーするように動く

二球目は、後ろの選手にとらせるようなハーフのエリアを狙ったショット。レシーバーはネット際につめてくる。

CHECK ②　コンパクトなスイングでストレートコースに振り抜く

しっかり足を動かし、打点に入ったらストレートのコースに向けてドライブを打ち抜く。コート後方が狙い目。打点が低いとフロントに叩かれる。

CHECK ③　ドライブでコート後方スペースを狙う

三球目の返球が浮いてしまうと、前につめた相手に決められてしまうので注意。大振りせずにコンパクトなスイングでシャトルをとらえることがポイント。ドライブなどの強い飛球でコート後方のスペースを狙うとよいだろう。レシーバーが左に寄っているかどうかを観察することでコツ38のクロスと使い分ける。

コツ 38 空いているクロスのコースを狙って返球する

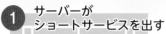

1 サーバーがショートサービスを出す

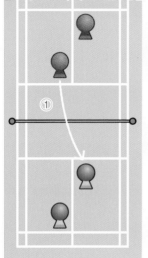

2 フォア側のハーフに対してリアの選手が動く

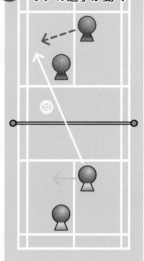

3 空いているクロスコースへ

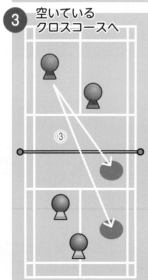

ダブルス D のポイント

コツ31対策の別パターン。相手のハーフエリアへのレシーブでは、四球目のストレート狙いが多い。その裏をかく。

🔴 レシーバー　🔵 サーバー

シャトルの動き
選手の動き --->　--->

奥の（赤）のペアはショートサービスを出し、これに対して手前のレシーブ側のペア（青）は、二球目でハーフエリアを狙って仕掛けてくる。コツ37で解説した応用編のクロスパターンを身につけよう。

CHECK ① 相手が狙うハーフエリアをケア

二球目は、後ろの選手にとらせるようなハーフのエリアを狙ったショット。レシーバーはネット際にバック側を抜かれないように、つめてくる。

CHECK ② 後ろの選手が横に動く

足を動かして打点に入り、相手がストレートのコースをケアしたら、クロスのコースに向けてドライブやショートリターンを打つ。

CHECK ③ 空いているコースを見極めて狙う

前に出てきたレシーバーは、ストレートのコースへの返球を読んでネットにつめてくる。前ページで解説した三球目のストレートの返球が浮いてしまうと、前につめた相手に決められてしまう。相手ペアの位置をチェックして、空いているクロスのコースを時にはドライブ、時には緩い球で狙うことも有効。

コツ 39 ボディ狙いを読んで空いたスペースに返球する

1 サーバーがショートサービスを出す

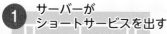
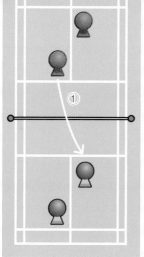

2 パートナーがボディショットに対応する

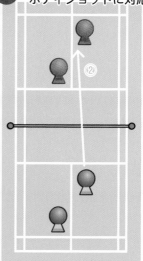

3 空いているコースに返球する

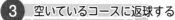
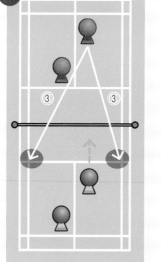

D ダブルス のポイント

コツ 32 のボディショットは、つまらせることが狙い。動き出しをはやめ、コンパクトなスイングで対応する。

レシーバー　サーバー

シャトルの動き
選手の動き ---→ ---→

奥の (赤) のペアはショートサービスを出し、これに対して手前のレシーブ側のペア (青) は、二球目で後ろの選手のボディを狙って仕掛けてくる。四球目攻撃③で解説したパターンを防ぐ三球目の対応がポイント。

CHECK ① 相手のボディショットを予測して待つ

レシーブ側の二球目は、後ろの選手を狙ったボディショット。レシーバーはネット際につめてくるので、スペースを見つけ、四球目の強打を防ぐ。

CHECK ② 相手のボディ狙いを読んで待つ

ボディ狙いを読んで体の近くで打つときは、ミートポイントでつまらないよう、コンパクトなスイングで空いているコースにかわすショットを打つ。

CHECK ③ 空いているコースにラケット面を合わせる

三球目でつまってしまい返球が浮いてしまうと、前につめた相手に決められてしまう。コンパクトなスイングで振ることはもちろん、空いているコースに向けてラケット面を合わせるイメージでインパクトする。ドライブなど強い球は、写真のようにふところがないと難しいが、コートの左右を使ってシャトルをコントロールする。

フロント
F

コツ 40 ロングサービスを上手に使って崩す

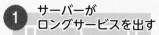
1 サーバーが
ロングサービスを出す

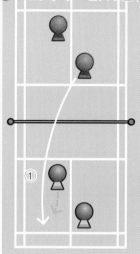

2 サーバーがスマッシュの
コースを読み動く

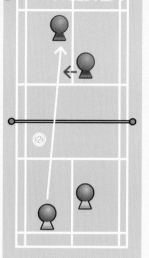

3 ブロックで返球する

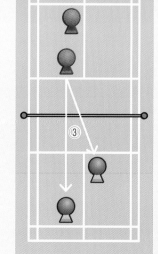

ダブルス D のポイント

コツ34の対策はロングサービスか、ショートサービスなのかをあらかじめペアで確認すること。サインを決めてもよい。

🔴 レシーバー　🔴 サーバー

シャトルの動き
選手の動き ---→ ➡

ロングサービスは、相手レシーバーの目先を変えることに有効。奥の(赤)のペアがロングサービスを出し、レシーバー(青)が、二球目でスマッシュを打つ体勢を見て三球目を打つ立ち位置を考える。

CHECK ① ロングサービスを出して相手を後方に走らせる

意表をついてコート後方にロングサービスを出す。サービスが甘くなってしまうと、逆にピンチにおちいるので注意する。

CHECK ② サーバーはスマッシュのコースを予測する

レシーバーの体勢をみながら、サーバーはスマッシュのコースを予測して、ストレートのコースにラケットを上げて移動する。

CHECK ③ ミートを心がけてラケットをスイングする

スマッシュを前で止めるのは、とても勇気がいるが、できるだけ前で高い打点で叩く。はやいタイミングで返球できると、相手にとってはカウンターとなるので対応しにくい。空いているコースに面を向けて、ミートするようなプッシュが理想的。強く振ってしまうとミスの原因となる。上げたら、サイドバイサイドが原則だが、あえてトップアンドバックのままで。

コツ +α ロングサービスから カウンターを狙う

① サイドライン際に ロングサービスを出す

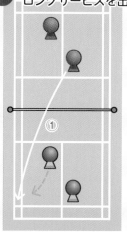

② パートナーが スマッシュコースを読む

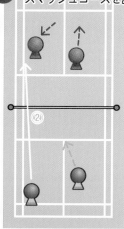

③ クロスカウンターを 返球する

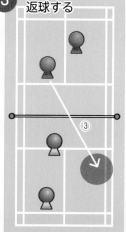

CHECK ① ロングサービスをサイドライン際に出したら 後ろの選手は右寄りに開く（サイドバイサイド）

コート後方サイドライン際にロングサービスを出す。このとき後ろの選手は、すばやく右サイドをふさぎ、ストレートのコースへのスマッシュに備える。コート後方からのクロスリターンになってしまうと、相手フロントに止められてしまうので、打点が前になるよう意識する。

CHECK ② サーバーはセンターに寄り、センターにアタックに備える 右サイドからクロスカウンターを入れる

右サイドの選手は、フォアからのカウンターでクロス側を狙ってそのままつめる。このときサーバーは、トップアンドバックのフォーメーションに備えることを意識しておく。

 レシーバー レシーバー　　シャトルの動き　　　　選手の動き ---→ --→

PART5

ダブルス
トレーニング

年代やスキルに応じたトレーニングで鍛える

コツ
チャレンジ

選手の長所と短所を理解して強化していく

トレーニングで重視したいのは、コート上で動くスピードと俊敏に動くためのアジリティの強化です。個々の選手のダブルスでの適性を見分けつつ、プレーヤーの長所と短所を把握しながら、「長所は伸ばす」「弱点は克服する」ことを目的に練習に取り組んでいきましょう。

練習自体は「ダブルス」に特化したものばかりではありませんが、指導者は全体のバランスを考え、選手の成長度合い、トレーニング導入時期を考慮しつつ、ダブルスペアとしての強化も同時にはかっていきます。

CHECK ①　動きを身につけるため　ペアで連動する

ダブルスではいかに前に出て、決定打に持ちこむかがポイントになります。一方で前に出た選手の後方をケアする後ろの選手のポジショニングも重要になります。ノックのなかでペアが上手に連動できるよう練習しましょう。

CHECK ②　攻守の切り替えを　意識する

固い守備からの攻めへの切り替えがディフェンスの課題です。あらゆる角度、速さのスマッシュに対しコースを狙って返球し、チャンスがあればドライブを打って前に出て、攻撃的に仕掛けられるようにします。

CHECK ③　体幹を鍛えて　正しいフォームをつくる

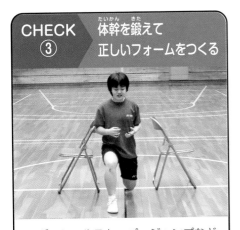

ダッシュやストップ、ジャンプなどを繰り返すバドミントンは、フォームの維持に体幹の筋肉が大きく関わります。ジュニアの場合、重い負荷でトレーニングするのではなく、自分の体重で体幹の筋肉に働きかけます。

ダブルス Dのポイント

指導者はノックなどでシャトルを出すとき、練習の目的にそった球出しができるよう配慮しましょう。選手の動きをみながら連続で出したり、ときにはフィーダーを2人にして、テンポをあげるなど工夫することが大事です。

フロント
F

連続して叩きフィニッシュまで持っていく流れをつくる

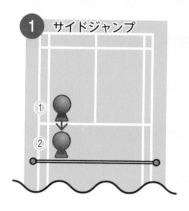

1 サイドジャンプ

2 フォアプッシュ

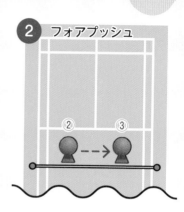

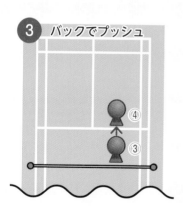

3 バックでプッシュ

4 ジャンプスマッシュ

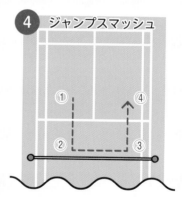

連続で四打したらペアが続いてノックを受ける

　選手二人がコートに入り、「コ」の字を描くように移動しながら、返球します。ノッカーから手投げされた

シャトルをリアコート→フロントコートと移動して、フロントコート→リアコートの順番に叩きます。

D のポイント

得点をとるためには、フロントにいる選手がきっちり決定打を打てることが重要。二人が連続してノックを受けることで、ペアの連動したゲームのなかでのアタックシーンを再現します。逆回りも実施します。

1 すばやく横移動してスマッシュ。

2 ハーフエリアから前に出でプッシュ。

3 横へ移動してバックハンドでプッシュ。

4 叩いたらジャンプしてスマッシュ。

コツ 42 決定打前の精度をあげてチャンスをつくり出す

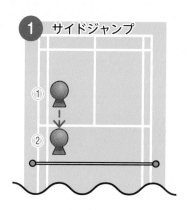

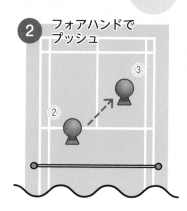

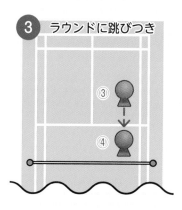

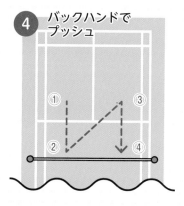

フロントコートでプッシュして三打目に飛びつく

選手二人がコートに入り。「N」の字を描くように移動しながら、返球します。ノッカーから手投げされたシャトルをミッドコートの右サイドからフロント、左サイドの順に、最後はバック前に飛び込んで叩きます。

ダブルス D のポイント

フロントコートで連続して叩いていくなかで、三打目の飛びつきが重要です。三打目を打つときにバランスを崩したりすると、四打目で決定打を打つことができません。逆回りも実施します。

1 フロントコート右でサイドジャンプでスマッシュ。

2 前に出てプッシュ。

3 すばやくななめ移動して、飛びつきながらラウンドショット。

4 最後は前に出てプッシュ。
コースによってはフォアハンドとバックハンドを使い分ける。

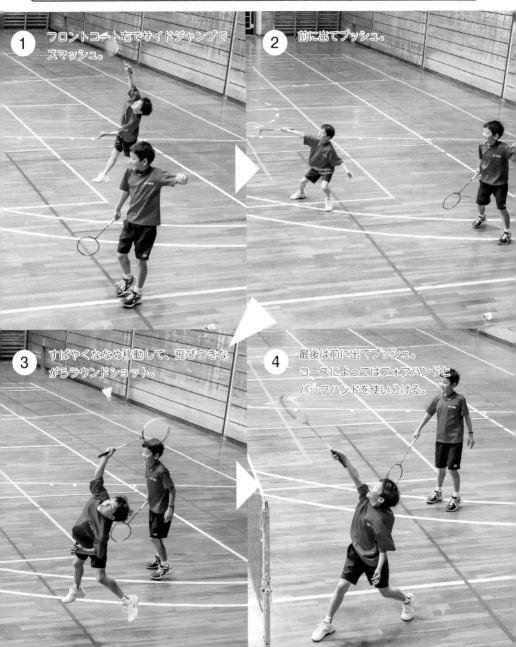

コツ 43 ドライブに対しての相手の返球を予測する

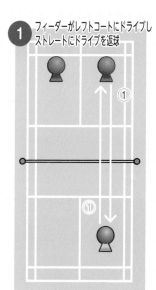

① フィーダーがレフトコートにドライブしストレートにドライブを返球

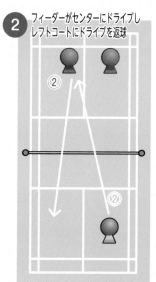

② フィーダーがセンターにドライブしレフトコートにドライブを返球

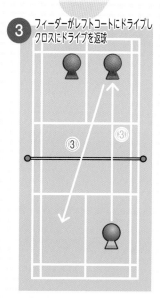

③ フィーダーがレフトコートにドライブしクロスにドライブを返球

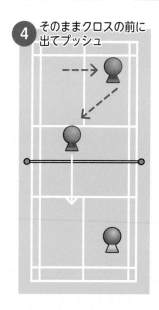

④ そのままクロスの前に出てプッシュ

ダブルス D のポイント

サイドバイサイドの陣形で押されているときは、主導権を取り返すことが大切。カウンタードライブを打って前に出るパターンを身につけましょう。

「ドライブ」は攻撃チャンスのきっかけとなります。打ったらすばやく前に出て、相手の返球を叩きにいきましょう。こちらのドライブに対し、相手をみて返球がどこにくるか、という予測も大切。逆回りも実施します。

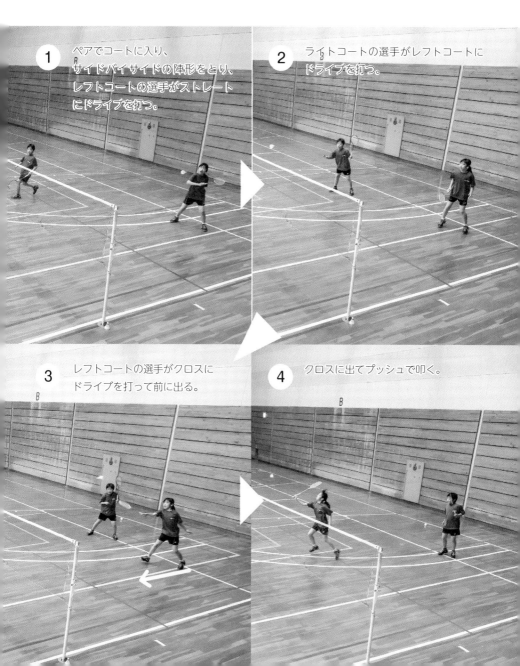

1 ペアでコートに入り、サイドバイサイドの陣形をとり、レフトコートの選手がストレートにドライブを打つ。

2 ライトコートの選手がレフトコートにドライブを打つ。

3 レフトコートの選手がクロスにドライブを打って前に出る。

4 クロスに出てプッシュで叩く。

コツ 44 練習テーマにそったノックの球出しをする

上から連続して精度の高い球を出す

フィーダーに対しペアがコートに入り、サイドバイサイドのディフェンスを強化します。スマッシュを上から続けて打たれることを想定し、相手の連続攻撃に負けないよう粘り強くラリーを続けていくことがポイント。チャンスがあればドライブを打って、守備的な状況から攻撃に転じましょう。

フィーダーは精度の高い球出しで、上から連続して行います。実戦のラリーのようなスピード感が出ないときは、手でフィードをしたり、フィーダーを二人にするなどして、テンポをはやめることでディフェンス強化につなげていきます。

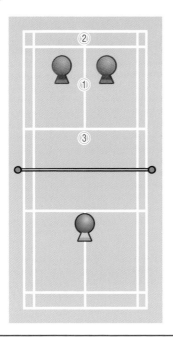

ダブルスの弱点となる部分を狙って球出しする

球出しをする人は、「①センターへのスマッシュ対策」「②センターへのクリア対策」「③センターのドロップ対策」というように、練習テーマを持ちつつも、ランダムあるいはパターンでシャトルを出していきます。ときにはボディまわりに入れて「ボディショットへの対策」もすると良いでしょう。また、フィーダーの立ち位置を右寄りや左寄りに変えることで、サイドバイサイドのポジショニングをずらす練習をしたり、クロスのカットに対応する練習をすることもできます。高い打点を想定して、フィーダーが台上から行うこともあります。

CHECK ① 決まった場所にシャトルを出して体力を向上させる

たとえばパターン練習の場合は、「センターへのドロップ」「センターへのクリアー」「センターへのスマッシュ」を交互に入れることでセンターの強化だけでなく、体力・スタミナとフットワーク技術の向上にもつながります。

CHECK ② 苦手克服するために選手を狙って球を出す

「ライトコート側はレシーブできるが、レフトコートが苦手」という選手がいれば、その選手に集中的に球を出して、ウィークポイントを克服することも大事。選手としての弱点をなくすことで、ペアの総合力を高めていきます。

コツ 45 ペアの特徴をいかしながらローテーションする

ローテーションを工夫しながら攻撃的なバドミントンをする

ダブルスのゲームでは、ペアの特徴やそれぞれの選手の能力によって、ラリーのなかでの役割や攻め方、守り方が変わってきます。

大事なのは試合の中でよくあるラリーのパターンで、どうローテーションしながら対応するかにペアと して共通の理解があることです。

「スマッシュ＆ドライブ」「スマッシュ＆カウンターリカバリー」を身につけておくと、あらゆるラリーに応用できます。基本となる「ローテーション」の動きをチェックしつつ、スキルアップしていきましょう。

スマッシュ & ドライブで
お互いの長所をいかす

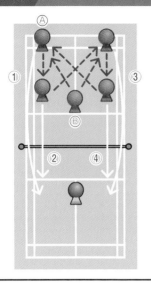

　ペアによっては「前で作るのが得意」なⒷ選手、「後ろで打つのが得意」なⒶ選手という特徴があります。「後ろで打つのが得意」なⒶ選手はスマッシュを打った後、中盤でドライブを打ち、再び後ろのスペースをフォローします。これがあえてローテーションをしない形です。

　ⒶとⒷが反対の場合は、3打目をⒶが下がって打ちます。相手リターンでゆさぶりをかけられても、前後左右のコートサイドにおいて、役割を明確にすることでお互いの長所を出してプレーすることができます。

スマッシュに対するカウンターを
リカバリーすることで相手からの攻撃を防ぐ

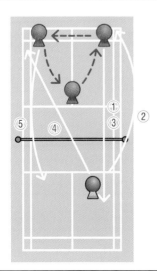

　スマッシュを打ったときの対応として、フロントにいる選手は相手の返球コースを読んで叩いたり止めにいくことが基本です。しかし、相手のリターンが厳しいコースにきたときは、リアにいる選手が走ってドライブを打てるように対応しなければなりません。

　相手からのカウンター攻撃を受けたときに、できるだけ自分たちの攻撃を維持できるよう対応力をアップします。またペアの特徴によっては、無理にドライブを打たず、サイドバイサイドに戻って陣形を整える判断と練習も必要です。逆サイドからのカウンターに備える練習も実施しましょう。

ハンデをつけて
ディフェンス局面を練習する

三人側は試合を意識した
球出しをこころがける

　コートの片側に三人、もう片側に一人入って、一人側のディフェンス練習を行います。状況としては、相手のトップアンドバックからスマッシュを打たれたときの動き方です。「①スマッシュ→②ロングリターン」「③スマッシュ→④ドライブ」「⑤プッシュ→⑥クロスのショート」「⑦ネットで返し→⑧ストレートロブ」という流れで打ち合い、⑧のあとさがって、逆サイドに移動してこれを繰り返します。

ローテーションしながら
攻守を切り替える

パターン練習を続けながら
攻守を切り替える

　コートで2対2の状況をつくってパターン練習を行います。片方がトップアンドバック、もう片方はサイドバイサイドになり、「①カット→②ロブ」「③スマッシュ→④ショートリターン」という順番で打ち合います。この間、ペアはローテーションをしながら、五球目のロブで両ペアの陣形と攻守が入れ替わることになります。③④の前にクリアー→クリアーを入れるなどバリエーションを工夫してみるとよいでしょう。

コツ 48 フリーに打ち合って ゲームの適応力を磨く

試合に近いラリーでさらにスキルアップ

　より実戦のゲームを想定した2対2の練習に入ります。これまではノックやパターンを決めて打球していましたが、ある程度、ペア同士で攻守の役割を決めてフリーにラリーを行います。ディフェンス側とアタック側を明確にすることで、目的にそった練習内容にすることができます。

　また3対3の練習では、おもにフロントエリアでのプレーに磨きをかけます。ラリーにゲーム的な要素を入れつつ、前に入った選手が壁になってスマッシュをブロックしたり、チャンスがあればプッシュするなど、体感スピードをあげつつ、瞬時の判断力を養います。

CHECK ① 攻撃側のトップアンドバックでラリーを展開する

ラリーの前に両チームで「攻撃側」「守備側」の役割を決めます。ゲームはサーブから開始。サーバーが「攻撃側」なら「守備側」のレシーブは、ロブで返球し、攻撃側のトップアンドバックからフリーで打ち合います。

CHECK ② 守備側はサイドバイサイドからスキをうかがう

サーバーが「守備側」なら、サーブレシーブをハーフから入ってもらい、レシーバーのペアが前に出てきた状況からスタート。サイドバイサイドで戦っていくなかで、スキをみてドライブを入れて守りから攻めに転じます。

ダブルス Dのポイント

リアに二人が入ってフロントのプレーに専念する

3対3のフリーで打ち合う場合、おもにフロントマンの練習になります。バドミントンのラリーは高速化しているので、子どもの頃からそのスピードに慣れていくことも大事。リアに二選手が入ることで、後方にさがることができない状況をつくってフロントの選手の対応力をつけます。スマッシュに対してもさがることができないので、シャトルに対する恐怖心を克服しつつ、ブロックできるような反応も身につけましょう。高度なビジョントレーニングにもなります。

コツ49 股関節まわりを鍛えて柔軟性を高める

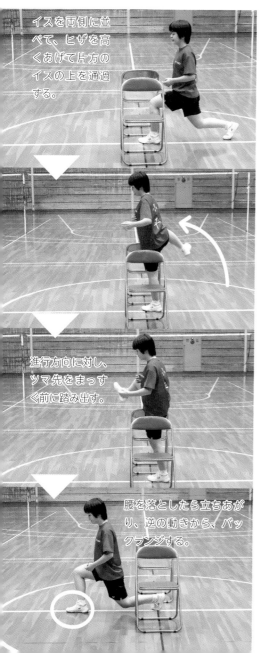

イスを両側に並べて、ヒザを高くあげて片方のイスの上を通過する。

進行方向に対し、ツマ先をまっすぐ前に踏み出す。

腰を落としたら立ちあがり、逆の動きから、バックランジする。

股関節まわりの筋肉が働くことで正しいフォームでスイングできる

ラリーではフロントコートに飛んできたシャトルに対し、ヒザを曲げて腰を落としてショットし、打ち終わったら、すばやくセンターポジションに戻らなければなりません。

シャトルに対し足を踏み込み、腰を落として立ちあがるときのスピードアップには、股関節まわりにあるインナーマッスルや大臀筋、大腿四頭筋、ハムストリングを中心に鍛える必要があります。

また、スタンディング・ヒップローテーションを加えることで、リア・コートでのアタック力を向上させることもできます。フロントランジ・バックランジの両方を行います。

D のポイント

ダブルス

　股関節まわりの筋肉はフットワークやジャンプ、姿勢の維持などに関わる大事な筋肉。どんなシャトルにも対応できるよう、筋力アップすることはもちろん、柔軟性もアップし、スタビリティーを獲得しましょう。

背中を丸めないように注意する。

ヒザを曲げながら、胸をヒザに近づける。

逆の脚でも同様に行う。

後ろから見て左右差が出ないよう注意する。股関節まわりの筋肉を伸ばして10秒キープ。両方行う。

股関節まわりの筋肉をストレッチしてケガを防止する

　股関節まわりの筋肉（体幹＋下肢）に柔軟性があると、厳しい体勢になってもフォームを維持することが可能になります。

　バドミントンは腕でラケットを操作しますが、脚など全身の筋肉を使い、フットワークを繰り返すスポーツなので、知らず知らずに股関節まわりの筋肉に疲労がたまってしまいます。

　練習前には動的ストレッチ、練習後には静的で、入念なストレッチでほぐしておくことで、コンディションをキープしましょう。

　特に腸腰筋に刺激を入れて、姿勢、バランスを良くしておくと、パフォーマンスの向上のみならずケガの防止にもつながります。

　ジュニア期は、競技力向上も大切ですが、将来に向けてケガをさせないことも重要なので、ウォーミングアップとあわせて、必ずクーリングダウンも実施しましょう。

123

コツ 50 フロント・ミッド・リアのエリア別のフットワークをトレーニングする

フロントコートのセンターに位置し、そこから左右ななめ前方にとびこんでスイングする。

ネットショットでつなぐこともできるが、早いタッチは、相手のプレッシャーにもなるので、ワイパーショットも使いながら攻撃をしかける。

フロントコートでのスイングをイメージして足を動かす

　フロントコートでのショットでは、長い距離を走ることはありませんが、チャンスがあれば、大きく体を使ってコンパクトにスイングすることで、決定打に結びつけていくことが大切になります。再びリアコートに返球されることにも備えて、打ち終わったらセンターポジションに戻る動作も大切です。「フットワーク＆スイング練習」は、コート上でなくても一人でできるので、打球練習前のウォーミングアップにも取り入れると良いでしょう。

ダブルス
Ⓓ のポイント

ダブルスではリア・ミッド・フロントによって、フットワークのやり方やショットの使い分けが求められます。弱点をなくすために、フットワーク練習は全てのエリアのものに取り組みましょう。

サイドステップで移動し
ダイナミックにスイングする

ミッドコートでは横移動が多くなり、スイング自体もよりダイナミックな力強さとスピード感が求められます。

打ち終わったあとのセンターポジションへの戻りも細かいステップで、すばやく動かすことがポイントです。

打点がさがったことを想定したドライブのフットワークや、リアコートでの連続スマッシュのフットワーク、サイドバイサイドを想定した半面からのロブやクリアーのフットワークなども取り入れてみましょう。

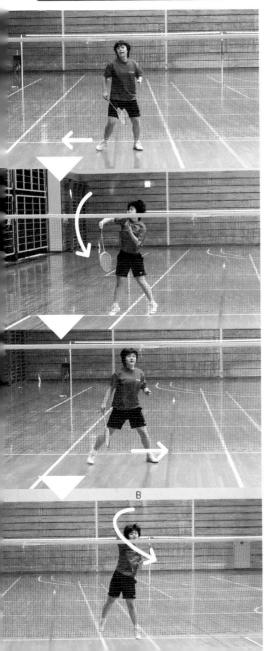

ネットに近いところは、ワイパーショットを使う。

125

監修者
きど ともゆき
城戸 友行

小平ジュニアバドミントンクラブ　監督

1962 年生まれ。京都府出身。中学からバドミントンを始め、早稲田大学時代はインカレにも出場。卒業後、國學院久我山中学高等学校の教員となり、バドミントン部を立ち上げて 1998 年全国選抜出場。個人戦でも選抜、インターハイに導いた。

　2005 年小平ジュニアバドミントンクラブの監督に就任。その翌年に ABC 大会、全国小学生大会での優勝、2008 年から若葉カップ男子 3 連覇。また、女子は 2013 年若葉カップ初優勝。2016 年には男子を 6 年ぶり 4 度目の優勝に導き、2018 年から若葉カップ女子 2 連覇を果たした。

公益財団法人日本スポーツ協会公認スポーツ指導者バドミントンコーチ 4（旧・上級コーチ）

チーム紹介
小平ジュニアバドミントンクラブ

1977年に創設された、東京都小平市を中心に活動を行うバドミントンクラブ。男子チームは、2008年から2010年で若葉カップ全国小学生バドミントン大会を3連覇。2016年には6年ぶり4度目の優勝を飾る。2013年には同大会で女子チームが優勝。2018年から女子は2連覇を果たしている。第14回全国小学生選手権6年生以下男子シングルス優勝。第22回全国小学生選手権5年生以下男子シングルス優勝、第20回全国小学生ABC大会女子A優勝、女子B準優勝など、数々の大会で好成績を残している。

　シドニーオリンピック(2000年)、アテネオリンピック(2004年)出場の米倉加奈子やアテネオリンピック（2004年）、北京オリンピック（2008年）出場の佐藤翔治、元ナショナルチームでトマス杯優勝メンバーの上田拓馬、全日本社会人選手権（2018年）優勝の鈴木温子、ナショナルチームA代表で2018年全英混合ダブルス・2020年全英男子ダブルス優勝の渡辺勇大などを輩出。

スタッフ

デザイン　都澤昇

撮　　影　上重泰秀　柳太

執筆協力　吉田亜衣

編　　集　株式会社ギグ

試合で勝てる！小学生のバドミントン
ダブルス　上達のコツ50

2020年　6月30日　第1版・第1刷発行

監　修　城戸　友行（きど　ともゆき）

発行者　株式会社メイツユニバーサルコンテンツ
　　　　（旧社名：メイツ出版株式会社）

代表者　三渡　治

〒102-0093 東京都千代田区平河町一丁目 1-8

TEL：03-5276-3050（編集・営業）
　　　03-5276-3052（注文専用）

FAX：03-5276-3105

印　刷　株式会社厚徳社

ご意見・ご感想はホームページから承っております。
ウェブサイト https://www.mates-publishing.co.jp/

編集長：折居かおる　副編集長：堀明研斗　企画担当：堀明研斗